ビジネスを成功に導く!

コンサルタントの「決断力」

Yoshiaki Noguchi
野口 吉昭

PHP
Business Shinsho

JN284144

PHPビジネス新書

はじめに

決めなければ、何も始まらない

私たち日本人は、今、大きな決断をしなければならない。

国家、企業、家庭……など、さまざまな局面で大きな、そして重要な決断を迫られている。組織全体の決断もあれば、個人の決断もある。

まずは決めることを決めてから事を始めなければならない。

日本の国・自治体の財政状態は、先進国の中でも最悪である。国債、地方債、政府短期証券、借入金などでの累積負債が、一二〇〇兆円を超えている。GDP比率は、二二〇％（為替で変動）前後で先進国では最悪の国家である。

日本の国債のおよそ九二％を日本国内の日銀、銀行、生損保などの機関投資家、日本人の個人投資家が保有し、安定しているから債務不履行（デフォルト、踏み倒し）など起きないという人も多い。が、ここ数年で外国人、外国政府、外国機関投資家の日本国債購入が増えてきている。国債の暴落、債務不履行の危機は次第に、増えてきているのだ。

政治家は、職業を維持するために、どうしても選挙に通ることに多くのエネルギーを使う。国民の受けがいい政策を述べる。

そして、日本国民も短期的な利害だけをみて、小気味いい政策に傾倒してしまう。中長期での国や自治体の課題を考慮して投票することができない。というよりも、政治家の提示している議論のレベルが低く、事の重大さを考慮した政策論議になっていない。そもそも議論する「場」がないから、しかたないこともあるだろう。

民主党のマニフェストは、この重大な議論の場に近くなりつつあったが、実際は、ほとんど全体観からの議論はされず、実現もされていない。

国会が、現実の深刻度合いを正面から議論する場にならない。決断する前提としての「いい判断」ができない状態に陥っているわけだ。

「大きな政府―小さな政府?」「財政適正化―財政現状容認?」「中央集権―地方分権?」「道州制―現状維持?」「二大政党制―多党制?」「国債最小化―現在の延長?」「首相公選制―議員指名制?」「憲法改正―護憲?」「人口減少容認―移民制導入による人口増?」など

とても大きな課題が、ろくに議論もされていない。現在の日本という国を変えるには、相当、大きくて高くて深い議論をしないといけないにもかかわらず……。そして、何よりも、これらのテーマの判断軸をつくって、判断をして、大きな決断をしなければ、日本は、今後、間違いなく立ち行かなくなる。

政治家は、日本という国のあるべき姿、ありたい姿をしっかりとビジョンとして、より明確に示さなければならない。そして、決断プロセスをしっかりと踏んで国民を巻き込んだ動きをつくらなければならない。

政治家だけではない。日本人一人ひとりが、判断し決断しなければならない。その議論自体がなされていないことが大きな問題である。

国家の話ばかりをしてきたが、企業、そしてビジネスの現場でも同じだ。変化の激しい時代において、リーダーは組織の向かうべき方向を明確に示さなければならない。そして、個人もまた、目の前のプロジェクト・課題に対して、常に判断し、決断していかなければならないのだ。

決断の本質は、プロセスにあり

それではどのように決断すればいいのだろうか。

決断には、決断するための条件が必要だ。いきなり決断はできない。決断する前に判断しなければならない。判断のためには、判断する軸、その前に判断する材料がなくてはならない。

決断するには、優れた判断力（優れた判断軸・優れた判断材料収集力）がなければならない。決断の本質は、決断そのものよりも決断にいたる決断プロセスにある。

深い決断・浅い決断、実行が伴う決断・実行が伴わない決断、組織全体の決断・リーダーのみの決断……などの決断の差は、すべて決断プロセスの差から生まれる。リーダーが決断し、それにみながついてきてくれればいいが、前触れもない、聞いてもいない、考えもしていないといった突然の決断で振り回された状態では、組織も人も動かない。決断するだけでなく、決断させることもきわめて重要なのである。

私たち日本人は、概して、決断が下手だ。それは、決めることに慣れていないからだ。

本書は、決断の本質は、「決断プロセスにあり！」ということで、五プロセスの簡易バージョン、九プロセスの正式バージョンを提示し、プロセスの重要性を強調している。

まずは、「決める習慣づけ」を意識し、本書を通して、日常から小さな決断を積み上げる習慣をつけていただければ幸いである。

コンサルタントの「決断力」【目次】

第2章 ロジカルシンキングを超える
——判断力の磨き方

第3章 何度でも繰り返す
——小決断の勧め

第4章 決断は実行あっての決断
――何もしないことが最もリスキー

編集協力／長谷川　敦

第1章

未来への一歩を踏み出す

――決断の本質

1 先が読めない時代に必要なもの

「決断」する習慣

誰でも、決断をしなければならないときがある。

誰かに、決断を迫るときもある。

まずは、「決断することを決断する」のが何よりも大切だ。迷う、戸惑う、戻る……人は簡単に決断できない。しかし、決断しなければ前に進まない、未来が見えないときが必ずある。だからまずは、決めることを決める習慣をつけることだ。

多くの人は、大きな決断をすると能力も意識も行動もひと回り大きくなる。しかし、その決断が適切かどうかによって、その人の未来は変わってくる。決断そのものよりも決断にいたるプロセスにこそ、決断の本質がある。

企業の中で、役職が上になればなるほど決断をする機会が多くなるし、その決断がもたらす意味も重くなる。たとえば中小企業のメーカーの社長が、「新規事業に乗り出すべきかどうか」「ＡＳＥＡＮ進出の足がかりとして、ベトナムに新たに工場を建設するべきかどうか」といったことを決めるのは、大決断であるといえる。

その決断は、もしかしたら売上の低下に苦しんでいた会社を救う英断になるかもしれない。だが一歩間違えば、多額の負債を背負い込み、会社を倒産へと追いやる誤断になる可能性もある。しかしリスクが大きいからといって、決断を先送りするわけにはいかない。先送りは、じり貧を意味するからだ。組織のトップになると、そういった伸るか反るかといった場面で、決断を迫られることの連続となる。

もちろん決断が必要になるのは、組織のトップにいる人たちだけではない。経営者ほどの責任の重さはないが、ミドルクラスのマネージャーはマネージャーなりに、現場の社員は現場の社員なりに、決断をする機会が日々数多く巡ってくる。

たとえば、若手営業マンが、「お客様にパッケージ商品の提案をするときに、Ａ案でいくかＢ案でいくかを決める」というのも、立派な決断である。

ほかにも、「海外勤務になったときに単身赴任するか、それとも家族も一緒に連れていくか」「今の職場に留まるか、転職するか」、またプライベートでいえば、「交際している彼女（彼）と結婚するか、しないか」といった一つひとつのことがそれぞれ決断である。

大切なのは、自らに押し寄せてくるこうした数々の決断から常に逃げないことである。特に若いときに「決断グセ～決断する習慣」をつけておくのは非常に大事なことだ。「優柔不断な彼とは、もう付き合っていられないわ！」という若い女性の声は、多い。決断へのプロセスがしっかりとしていて、決断、そして行動する人間は、モテるものだし、話をしていても元気づけられるものだ。

「自分はこの会社でずっと働き続けたほうがいいのかな、それとも転職したほうがいいのかな。今の会社だと出世できそうにないし、専門性も身につけられそうにないしなあ。でもうちの会社って安定感があるんだよな。給料だって競合と比べたら決して悪くないみたいだし……。うーん、迷うなあ」

こんなふうに悩んでいる人は、決断プロセスがわかっていないし、結局決断することができないまま、ずるずると同じ会社に勤め続けることになる。

こういう人は、己の意思で「自分はこの会社で働き続ける」と決断した人間とは違って、その会社に留まることを主体的に決めたわけでもない。だから「自分のビジネス人生は本当によかったんだろうか。もっと若いときに会社を変わっていれば……」という後悔をずっと心の中に抱えた状態になる。

後悔するくらいなら今からでも転職してしまえばいいのだが、「もう三十代後半だし」とか「子どもが二人生まれたし」といった自分の行動にブレーキをかける言葉ばかり浮かんできて、行動を起こすことができない。

つまり決断力のない人の人生は、不幸とまではいわないが、非常に煮え切らないものになってしまうのだ。

決めることを決めることが大切なのだ。

迷ったり、逃げたりせずに、決断する「習慣」をつけよう

やがて限界やあきらめ感が自分の前に現れる

若いときからずっと決断をすることから逃げてきた人は、後々、何かのカタチで困ることになる。たとえば、組織において勤務年数を重ね、チームリーダーとしてさまざまな決

断をしなければならないポストに就くような場合だ。

管理職の中には、企画会議などで部下から提案があったときに、「その企画だけど、北海道・東北エリアのマーケットについてはちゃんと調べたかな？」「他社の動きはどうなっているか、把握している？」といったように、抽象的で、チェックすることが自分の仕事だろう的な、本質的とは言い難い確認や質問ばかりをして、いつまでたっても決断を下そうとしない人がいる。仮説がない管理職だ。

なぜそうなるのかといえば、降りかかってきた問題を、深い当事者意識を持って受け止め、自分の頭で考え、仮説化して、検証し、判断し、決断した経験が圧倒的に少ないからだ。決断経験が不足している人は、判断材料としてどんな情報が必要で、どのような思考や分析や検証のプロセスを踏めば、自分も周囲も納得のいく決断を下せるのかがわからない。だからいくら情報を収集しても何か足りない気がして、いつまでたっても決断ができないのだ。企画会議のときに、本質的ではない確認や質問ばかりを部下に浴びせてしまうのは、こういうタイプの上司である。決断できない、決断させられない上司だ。

私のコンサルティング経験でいえば、中間管理職のみならず役員クラスの中にも、決断経験が不足している人が少なからず見受けられる。コンサルティングの場面で私が、

「このプロジェクトにゴーサインを出さない限り、御社の将来はありません。さあルビコン川を渡ってください」

といったように、決意を促すひと言を投げかけても、それでもやはり小さなネガティブチェックばかりして、大きなフレームでの決断ができない人がいるのだ。特に子どもの頃から優等生で、あらかじめ用意されたレールに沿って、親や教師や上司から指示をされたとおりに生きてきたタイプに多い。

こういう人はトップからの真の信任も、部下からの心からの信頼も、当然得ることはできない。どんなに頭がよく、日々の業務においてはそつなく仕事をこなせる人だったとしても、決断力がないために、それ以上の重職を任せてもらえなくなる。

「決断力がない」ことが、その人の限界になってしまうのである。役員まで上がっていればまだしも、部下のいない管理職期間が長いとやがてあきらめ感が自分の心の中だけでなく、周囲にまで滲み出てしまい、職場自体が沈滞化してしまうのだ。

現場では、自分の頭で考え、仮説化し、検証し、そして決断した経験の数がものをいう

判断材料なくして判断なし、判断軸なくして判断なし

私たちがある事案について適切な決断を下すためには、

- 判断材料の収集
- 判断軸の設定
- 判断
- 決断
- 実行（リスクマネジメントを含める）

という五段階の決断プロセスを踏むことが大切になる。

いや、正確には決断プロセスは五段階ではなく九段階あるのだが、冒頭からあまり話を煩雑にしないために、ここでは簡易バージョンで解説する。正式バージョンについては後ほどくわしく触れることにしよう。

「決断することを決断することからまずは始めよう！」と先述したが、だからこそ決断するための材料が欲しくなる。適切な材料がなければ適切な決断はできない。

では、簡易バージョンの説明をしていこう。まず最初に必要になるのが、判断材料の収

集だ。

個人投資家がある会社の株を購入するべきかどうかを判断するためには、その会社の事業内容やビジネスモデル、将来性、経営計画、業績や財務状況、最近の株価の動きといった情報を入手することが不可欠となる。判断材料が何にもなければ、判断のしようがない。しかしどんな事案においても、欲しい情報が完璧に揃うということはまずあり得ない。ジグソーパズルでいえば、欠けたピースが必ず出てくるものだ。

たとえば、創業社長が卓越したビジネスモデルを築き上げたことによって、急成長を遂げた会社があったとする。投資対象としてはとても魅力的だ。ただし判断が難しいのは、創業社長から二代目へのバトンタッチが行われる際に、その引き継ぎがうまくいくかどうかである。

これまで創業社長のカリスマ性に頼ってきていたぶん、組織体制が脆弱であれば、トップの交代とともに失速する可能性が高い。一方、後継者育成をしっかり行い、チームで組織を舵取りしていく仕組みを整えたうえでのトップ交代であれば、今後も安定した成長が期待できるだろう。

しかしそれを見極めるための判断材料を、個人の投資家がすべて入手するのは難しい。

ビジネス誌の取材記事や、株主・投資家向けの資料を読めば、一定程度の情報を手に入れることは可能だが、それでも足りないピースがどうしても生じる。

ただし実は、仮にいくらピースが揃っていたとしても、それでも判断ができない人は決断ができないものである。

金融商品を例にとれば、「商品Aは高いリターンが期待できるが、リスクも高い」「商品Bはリスクは低いが、期待できるリターンも低い」というように、物事には必ず一長一短がある。

では商品Aと商品Bとでは、どちらを選択するのが適切か。それはその人の「何を基準に判断するか」という判断軸によって変わってくる。「高い収益性を重視する」という判断軸を持っている人であれば商品Aを選択するであろうし、「安定性を重視する」という判断軸を持っている人であれば、商品Bを選択するのが適切な判断であるといえるだろう。

この判断軸が定まっていなければ、どんなに判断材料が揃っていたとしても、途方に暮れてしまうことになる。「判断軸なくして判断なし」なのである。

欠けたピースが、いつまでたっても見つからないことがある。未来の市場予測など、欠けたピースだらけだ。リーマンショック、欧州危機、東日本大震災などは大きなピースだが、ほとんどの企業にとっては、欠けたピースだった。予測とは、そんなものだ。五年先を事業計画に入れる企業は、かなり減ってきた。三年先さえ読むことが難しい時代だから。だからといって決断しないということにはならない。欠けたピースを超えた判断軸を持たなければならないケースが圧倒的に多いからだ。

恋人と付き合ったり、結婚したりすることも同じ。欠けたピースだらけだ。ただ、自分が決めた判断軸が明確なら相手を選ぶときも相手と生活をするときも未来を一緒につくることはできるものだ。決断するための決断プロセスが大切であり、特に、判断軸が、とても重要だ。

欠けたピースがあっても「判断軸」がしっかりしていれば、いい決断につながる

戦い抜く覚悟のない決断が「命取り」になる

判断の次に行うのが、決断である。

「判断」と「決断」。似たような単語だが、実はこの二つには大きな違いがある。

判断とは、決断にいたるプロセスで最も重要なプロセスであり、その能力の差で決断のレベルが変わる。判断力が優れていてこその決断なのだ。

判断は、決断までの背景・課題・仮説・決断のための価値基準などをより客観的に、体系的に行う行為である。よりよい選択と思われる答えの選択肢を客観的に出して、そのうえで決める前の段階までを意味する。そして、まだ実行はしていないわけだから、判断の段階であれば引き返すことも可能なのだ。

これに対して決断とは、判断したことをもとに実際に行動を起こすことを決めることをいう。

決断は、一度してしまえばもう後戻りをすることはできない。カエサル風にいえば「賽《さい》は投げられた」ということだ。

カエサルの時代、古代ローマではイタリア北部を流れるルビコン川が、ローマ本土と属州を区切る境界線となっていたそうだ。そしてローマ軍が遠征先からルビコン川を渡って本土に戻るときには、武装を解除してから渡河することが義務づけられていたという。

しかし当時ローマを支配していた元老院派や政敵ポンペイウスに反旗を翻すことを決断したカエサルは、武装を解かないままルビコン川を渡った。そしてローマ内戦を経てポンペイウスらを打ち破り、権力の座に就いた。

繰り返すが、決断は一度してしまえばもう後戻りをすることはできない。仮にカエサルが「やっぱり今回の決断は間違っていたのではないか」と急に弱気になって川を途中で引き返したとしても、元老院派やポンペイウスは彼を逆賊と見なしただろう。

だから人は、決断を下した限りは、想定外のことが次々と起きてどんなに状況が不利になったとしても、覚悟を決めて最後まで戦うしかないのだ。

もちろん、前進することができない状況になったならば、「撤退」する決断もまた必要になるだろう。そのときは、いかに被害を最小限にしながら後退するかという「撤退戦」を指揮しなければならない。

いずれにしても「判断は決断し、実行するための前段階であり、戻ることもできる」が「決断は実行を伴う未来への一歩の段階であり、戻ることはできない」ということを肝に銘じておく必要がある。

判断までは後戻りできるが、決断は後戻りできない

暗闇の中で前進する

世の中には三種類の人がいる。一つ目は、そもそも判断力がない人。二つ目は、判断力はあるが決断力がない人。そして、三つ目は、判断力も決断力も兼ね備えている人。

転職のケースを見てみよう。「自分は転職したほうがいいのか、転職しないほうがいいのか……いくら悩んでも答えが出ない」という人は、判断力がない人である。判断ができなければ当然決断もできないので、判断力がない人は決断力がない人でもある。

また「転職したほうがいいことはわかっているのだが、一歩が踏み出せない」という人は、判断力はあるのだが決断力がない人である。

そして「転職したほうがいいことがわかったので、転職した」という人は、判断力も決断力も兼ね備えている人といえる。

では判断力はあるのに決断力がない人は、なぜ転職したほうがいいことはわかっているのに、一歩を踏み出せないのだろうか。

私たちは、自分を取り巻く状況が今よりも望ましくなることを常に期待して決断を行う。資産運用でいえば手持ちのお金が増えることを期待して、転職でいえば働きがいのある仕事やキャリアを手に入れることを期待して、判断し、決断を下す。

しかし物事は、自分の期待どおりに進むとは限らない。株式市場においてそれまでどんなに安定した銘柄だったとしても、東京電力のように突然、株価が急落することはいくらでもあり得る。転職にしても、新しい会社に勤め始めた途端にその会社の業績が悪化して、「前の会社の給料のほうがよかった……」、または「配属された職場の上司がパワハラ部長だった……」となってしまう可能性だって十分ある。

判断が間違っていれば、当然決断も間違える。しかしその時点での判断がどんなに正しかったとしても、状況は常に変化していくため、結果論で見たときに決断を間違えてしまうこともあるのだ。

つまり決断というのはある意味、暗闇の中で前進し、ジャンプするようなものなのだ。実存主義風に言えば、先が読めない未来に向かって、自らを投企する覚悟と胆力が求められるのである。ここでいう「投企」とは、「可能性を信じて挑戦する、一歩踏み出す」の意味である。その覚悟と胆力がない人が、決断を前にして怖じ気づいてしまうのだ。判断力はあるのだが決断力が欠けている人とは、そういう人である。

一方、判断力も決断力も兼ね備えている人とは、「見えない未来に向かって、平気で歩を進める怖いもの知らずの人間」ということではない。判断力とは、見えない未来に対しても見えることと見えないことを客観視して、欠けたピースという見えないことに対するリスクも考慮したうえで、進む方向性の選択肢が整理できる能力をいう。そのうえで、決断にはどの程度のリスクが伴うことになるかを心得ており、自分の期待どおりに物事が進まなかったときに備えてしっかりとリスクマネジメントを行っているものである。

だから彼、彼女にとって大概のトラブルやアクシデントは「想定内の出来事」である。そのため第三者から見れば、大胆とも思える決断を実行できるし、未来への一歩を踏み出すことができるのだ。

決断とは、でき得る限りの判断プロセスを通した「未来への一歩」を踏み出すこと

三代目社長が会社を潰す!?

私たちは決断というと、「決断をするまさにその時」ばかりに注目しがちだ。

しかしここまで述べてきたように、決断とは、①判断材料の収集、②判断軸の設定、③

判断、④決断、⑤実行（リスクマネジメントを含める）というプロセスを踏むことによって初めてうまくいくものである。

決断の前には判断が必要であるし、判断をするためには判断材料の収集や判断軸の設定が不可欠となる。さらには実行が伴わない決断は、決断とはいわない。

この「判断材料の収集→判断軸の設定→判断→決断→実行」のプロセスを軽視もしくはすっ飛ばしてしまうと、その決断は「浅い決断」になってしまう。

わかりやすいのが、創業者が築き上げた会社を二代目社長、三代目社長が潰すというケースである。創業者が偉大であればあるほど、二代目や三代目社長は「自分だって創業者以上に決断力や実行力があるんだ」という存在感を示したいという心理が働く。その決断や実行が、揺るぎない判断軸と緻密《ちみつ》な判断材料の収集に基づいたものであればいいのだが、単に創業者への反発や自分をよく見せたいということから行われる場合が少なくない。

すると会社はおかしな方向に行き、従業員は誰もついてこなくなり、あげくのはてには会社を潰してしまうことになるのである。

創業者というものは、どんなに小さな会社であっても深く考えているものだ。その深さが、二代目、三代目にはわからない。いや、わかってもどうしても自己存在を大きく見せようとして、創業者と違うこと、変わったことをやりたい衝動にかられる。もちろんヤマト運輸の小倉昌男さんのように、二代目で会社を大きく変えて、大成功させたケースもあるが、概して、なかなか二代目、三代目の経営のかじ取りは難しい。それが宿命なのだ。だからこそ、そのことを深く理解すれば、企業を成長路線、発展路線にすることが可能になる。

二代目、三代目が成功したケースには、創業者のブレーンがしっかりとしていてそのまま二代目、三代目を支えたり、経営への想いと能力をしっかりと持っている同世代が支えてくれているケースが多い。

NHKで放送されていた番組『その時歴史が動いた』を覚えているだろうか。歴史上の人物が、時代を大きく左右する問題に直面したときに、何を考え、どう決断したのかに焦点を当て、「決断をするまさにその時」だけでなく、歴史上の人物が決断にいたるまでの過程を描くことに力を注いでいた(さらに、決断をした後の結果の検証もしっかり行っていた)。歴史上の人物のような「大決断」に遭遇することは人生に何度もないかもしれないが、歴史人物や経営者の自伝などを読んで、プロフェッショナルの「決断プロセス」を学ぶことは、とても意味があることだ。

浅い決断によって、人は身を滅ぼし、会社は潰れる

鳩山元首相の失敗

鳩山由紀夫元首相の普天間基地移設問題を巡る首相在任中の言動もまた、「浅い決断」の代表例といえる。

衆議院選挙を直前に控えた二〇〇九年七月、当時民主党の代表だった鳩山氏は、選挙応援で沖縄を訪れた際に、普天間基地について「最低でも県外の方向で、我々も積極的に行動を行わなければいけない」と発言した。

その後民主党は、衆議院選挙で大勝をおさめ政権交代が実現。鳩山氏が首相の座に就くが、そこでも彼は「私は考えを変えるつもりはない」と、自分の姿勢にブレがないことをアピールした。

ところが普天間基地移設問題は、その後暗礁に乗り上げる。日米合意となっていた辺野古移設計画を事前に何の説明もなく翻したことに、アメリカ側が不信感を表明。

アメリカとの認識にズレが生じたまま、それでも彼は「二〇一〇年五月までには移設先についての結論を出す」という発言を繰り返した。だが結局県外に移設先は見つからず、断念したというものだった。

県外移設を断念した際、鳩山氏は「知れば知るほど、海兵隊の抑止力が大きいのだとわかった。考えが浅かったと言われればそのとおりかもしれない」と述べている。「今さら何を言っているんだ」という感じである。アメリカの政府高官は鳩山のことを「ルーピー（狂っている）」と評したらしいが、はっきり言ってそう言われてもしかたがない。

鳩山氏の決断が浅いのは、決断の前に必要となる「判断材料の収集→判断軸の設定→判断」のプロセスをすっ飛ばして、「沖縄の人の苦労を思えば県外移設を目指さなくてはいけない」という想いだけで、「最低でも県外」と口にしてしまったことである。

もちろん「想い」は大事ではある。だが事前に判断材料の収集をしっかり行っていれば、沖縄に駐留している海兵隊の抑止力がどれくらい大きく、そのために県外移設がどれほど難易度の高いものであるかについての把握は容易にできたはずだ。その現状を理解したうえで、それでも沖縄の負担を少しでも軽減することを目指した「判断軸の設定→判断」を行っていれば、もう少し現実的な決断ができたのではないだろうか。

想いだけが先走ってしまったために、かえって沖縄の人たちを振り回すことになってしまったのである。

決断するには、決断するだけの判断材料と判断軸が不可欠である。日本の首相は、一年に一人替わっている。とすると自分の意見を次の体制、次のリーダーが引き継ぐかどうかはわからない。だとしたらどのようなプロセスでどのような判断で、どのような判断軸で、どのように決断するかのプロセス全体を想定して、決断プロセスを推進しなければ無責任きわまりないことになってしまう。

想いは大切だ。しかし、想いだけでは判断にならない。浅い判断、不明確な判断軸で決断してはならない。組織を路頭に迷わせるだけだ。決断には決断するにふさわしいプロセスがあるのだ。

「想い」だけで判断し決断してはならない

2 本気になれば、相手も動く

コンサルタントは決断なんてしない!?

本書のタイトルは、『コンサルタントの「決断力」』である。

このタイトルを目にしたときに、もしかしたら読者の中にはこんな違和感を覚えた方がいるかもしれない。

「コンサルタントの決断力って言うけど、そもそもコンサルタントって決断力が求められる仕事だったっけ？　コンサルタントは提案することがメインで、決断をするのはクライアント企業の側じゃないの？」と。

そのことに気づいたあなたは、なかなか鋭い。

決断プロセスにあてはめれば、一般的にはコンサルタントの仕事は「判断材料の収集→判断軸の設定→判断」までが守備範囲であるといえる。

コンサルタントはクライアントから依頼されたテーマについて、まずは徹底的なリサーチを行って判断材料を収集する。次に収集した判断材料をもとに、たとえば売上の低迷がテーマであれば、「なぜ売上が低迷しているのか」という問題の真因を探り出し、「どうすれば再び売上を伸ばすことができるか」という解決策を考える。

そしてクライアントに対して、

「ここ数年、商品の売上が低迷している真の原因は、御社の商品構成の特性と、構築している販売チャネルの間にズレが生じているところにあると考えられます。これまで御社は店頭での販売に重点を置いてきましたが、今後は通販ビジネスについても新たに立ち上げる必要があります」

というように、解決案を提案する。

さらには通販ビジネスを展開するうえでの具体的な目標や戦略、行動計画についてもクライアントに提示する。

一般的にはここまでがコンサルタントの仕事である。「売上を伸ばすためには、通販ビジネスを新たに立ち上げる必要があり、その戦略と実行計画は……であるべきです」という判断の段階までを、コンサルタントが担うわけだ。

コンサルタントの判断を受けて、実際に決断を下すのはクライアント企業の社長なり担当者の役割である。

もちろんコンサルタントとしては、「会社を変えるには、この方法しかない」と確信して提案をしているわけだから、その提案に沿って決断をしてほしいと切に願っている。私であれば、「もう躊躇をしている段階ではありません。ルビコン川を渡ってください」「今変わらなかったら、ずっと変わらないですよ」というように、いささか強い口調で決断を促すひと言を相手に投げかけることも少なくない。

しかしそれでも最終的に決断するのは相手自身。これればかりは自分たちではどうしようもない部分ではある。だからこそ、決断プロセスを考慮した判断の提示が必要になる。決断プロセスを進めながら、「慎重派のトップなのか、より大胆派なのか？　トップは現場と一体型なのか、かなり遊離しているのか？　投資の余裕はあるのか、ないのか？」といった背景も十分に考慮した「判断としての提案」が求められる。

だから『コンサルタントの「決断力」』というタイトルについて、「コンサルタントは提案するだけで、決断するのはクライアントの側じゃないの？」という疑問を抱いた読者の感覚はかなり正しいといえる。

「判断を行うのは誰か」「決断を行うのは誰か」をしっかり見極めよう

クライアントの背中を押す

決断力とは、「実際に決断を下す人間」だけに必要とされる力ではない。コンサルタントのように「相手に決断を促す立場の人間」にも不可欠な力である。

コンサルタントがクライアントにある提案をしたとき、その提案内容が相手に拒絶されるということが起きる。そのテーマについてしっかりとリサーチも行っているし、課題整理もされている。課題分析を踏まえて作成した改革案も、きわめてロジカルで申し分がないものに仕上がっている。しかしそれでも拒絶されることがあるのだ。

このときの理由は大きく二つある。

一つは、そもそもクライアントに決断力がないために、コンサルタントがどんなに優れた提案をしても決断ができないというケース。

もう一つはクライアントが一定の決断力を持っているにもかかわらず、そしてコンサルタントの判断も一見理に適ったものであるにもかかわらず、それでも決断しないというケースだ。

後者の場合のクライアントの本音はこうだ。

「あなたの言っていることは確かに正しい。提示された行動計画に則って改革に乗り出せば、たぶん会社も変わると思う。でも何か気乗りしないいんだよなあ」

つまりクライアントが決断したくなるような提案（判断）をコンサルタントができていないから、相手はその判断に沿って決断することを拒否してしまうのである。

両方のケースともコンサルタント側が力不足と考えるべきだ。決断力がないクライアントなら初めからそのためのプロセスを踏まなければいけないからだ。そもそも判断力、決断力が不足しているから外部のコンサルタントに依頼してくる。そのことを当初からコンサルタントは考えていなければならない。

こうしたことはコンサルティングの場面だけではなく、ビジネスのさまざまなシーンでよく起きることである。

たとえば、営業マンが顧客のところに行って、新商品についての提案をしたとする。営業マンは絶対の自信を持って、「このシステムを導入すれば、業務コストが従来よりも二〇％下がります。投資効果は問題ないです」と積極的にアピールをするのだが、顧客は「うーん」と黙り込んだまま。そしてしばらくして「ちょっと検討してみるけど……」また連絡するよ」と重い口を開く。だがその後、顧客から新商品に関する問い合わせの電話が来ることはなかった。

あるいはマネージャークラスの人間が、社内のプレゼン会議において社長や役員を前に新しい事業やプロジェクトについての提案をしたときにも、その提案がどんなに画期的で会社を変える可能性を秘めたものだったとしても、社長や役員がまったく反応を示してくれないということがある。

これもやはり相手が決断したくなるような提案（判断）ができていないから、相手は決断を渋ってしまうのである。

決断することもなかなか難しいが、決断させることもなかなか難しい。判断材料を集めるところからいかに判断し、決断する人が、その気になるかを考慮した決断プロセスを考えていき、そのプロセスを推進していかなければならないのだ。

コンサルタントと同じく、ビジネスパーソンにも、相手に「決断させる力」が求められている

must＋can＋will＝「よし、やるぞ！」

私がコンサルタントという「相手に決断を促す仕事」に携わっていてつくづく感じるのは、理屈だけでは人は動かせないということだ。

もちろん相手を説得するためには、論理的かつ理解しやすい根拠を示すことが不可欠となる。しかしそれだけでは不十分。相手を説得することはできても、納得させることはできないこともあるからだ。いわば相手は、頭では「そうしたほうがいい」とわかっているのだが、心と体が動いていない状態にある。パッションが動かない状態だ。

『コンサルタントの「解答力」』（ＰＨＰビジネス新書）の中でも述べたが、人は「ｍｕｓｔ

図表1-1

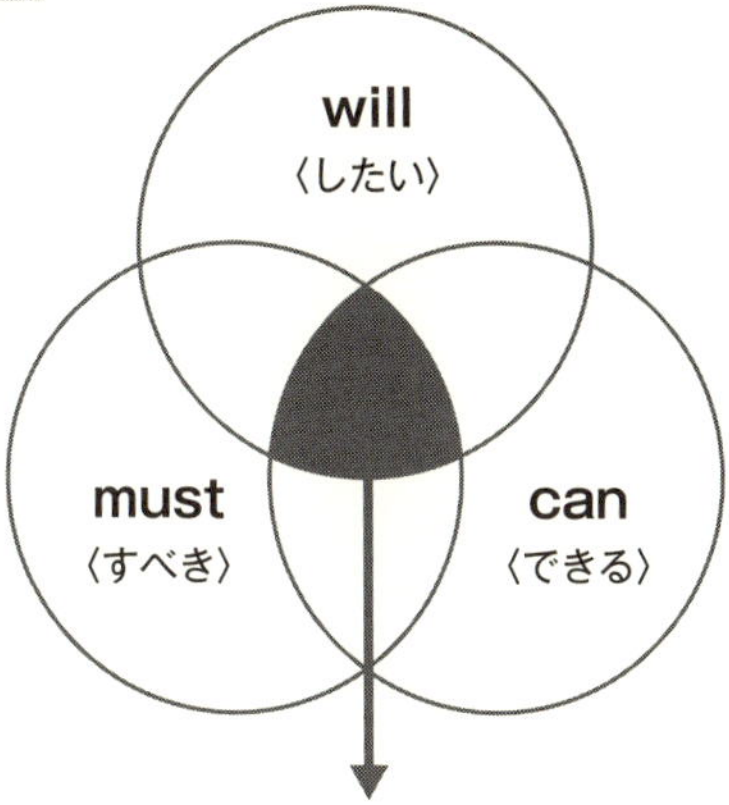

人は、３つが揃ったとき、初めて自ら望んで行動する

（すべき）」と「ｃａｎ（できる）」と「ｗｉｌｌ（したい）」の三つが揃ったとき、初めて自ら望んで行動するようになる（図表1—1参照）。

理屈のうえで「売上を伸ばすために、通販ビジネスを立ち上げるべき」（ｍｕｓｔ）ということがわかっているだけではダメで、「自分たちだって通販ビジネスを立ち上げることができる」「通販ビジネスを立ち上げたい」というように、ｃａｎやｗｉｌｌについても満たされていないと、「よし、通販ビジネスを立ち上げるぞ！」と決意するところまではいかないのである。

ところが頭でっかちのコンサルタン

トほど、「ｍｕｓｔ」ばかりで物事を考えて、相手の「ｃａｎ」や「ｗｉｌｌ」を軽視する。だからこちらの提案が相手に拒絶されてしまうのだ。

それまで店舗で洋服を売っていた企業が、通販市場が大きくなっているからと通販市場にヨコ展開すべきといわれても簡単ではない。売るのは、洋服で同じかもしれないが、ＩＴのプラットフォーム、物流システム、受発注、コールセンター、ウェブのデザインなど店舗モデルと通販モデルは、違いすぎる。

そもそも洋服をデザインしたり、自分で売るのが好きで始めた事業なのに、通販となると洋服を売ることよりも洋服を選ぶ顧客起点の度合いが、かなり強くなって、まったく異なる事業となるのだ。だから「ｍｕｓｔ（すべき）」とはわかっても「ｗｉｌｌ（したい）」とは思わないし、ましてや「ｃａｎ（できる）」の領域にもいかなくなる。

そこまでクライアントが店頭販売に対して高い誇りと自信を持っているのなら、彼らの「ｃａｎ」と「ｗｉｌｌ」のほうを尊重して、「ｍｕｓｔ」（解決案）を通販ビジネスの中でいかに工夫していくかを考えることが重要になる。

「商品構成の特性と販売チャネルの間にズレが生じているから、ズレを是正するために通販ビジネスという新しいチャネルを立ち上げる」という提案をするのではなく、「自分たちが企画し、デザインした市場トレンドを生む商品を店頭でお客様と顔をつきあわせて、一つひとつ丁寧に商品を販売している」という従来その会社が持っている強みを、さらに通販事業の中で徹底的に磨き上げることによって、売上の向上をはかることはできないかを検討しなければならないのだ。

百貨店は、どこも通販事業をやっているがうまくいっているとはいえない。それは、すべての百貨店が、本当に通販事業をやりたくて（ｗｉｌｌ）やっているわけではないからだ。

コンサルタントのように「相手に決断を促す仕事」に携わっている人間は、クライアントが何を大切にして、どんな志を持って事業に取り組んでいるのかという想いをしっかりと受け止めたうえで提案をしないと、相手を決断させることは決してできないのである。

決断することも決断させることも実は、同じ決断プロセスに本質が隠されているのだ。

「ｃａｎ」と「ｗｉｌｌ」を尊重して、「ｍｕｓｔ」（解決案）を考えてみよう

本気のコミットメントがカギを握る

では相手の想いをしっかりと受け止めるために何が必要になるかといえば、クライアントが抱えている問題に、コンサルタントがどこまで本気でコミットしているかがカギを握る。

コンサルティングの仕事をしていると、クライアントが重大な決断を下す場面にしばしば立ち会うことになる。しかも改革案を提案し、「さあ、決断のときです」「イノベーションを起こしましょう」と相手に迫っているのはコンサルタント自身である。

考えてみればこれは怖いことだ。自分が行った判断をもとに、相手は決断を下すことになる。自分の判断が適切なものであれば、クライアントは抱えている問題をみごとに解決して、変革を遂げることができるだろう。しかしもし自分の判断が誤ったもので、その誤った判断に沿ってクライアントが決断をした場合、取り返しのつかないことになる可能性もある。相手に決断を迫るというのは、それぐらい責任が重いものなのだ。

本来は「私の役割は提案することであって、決断するのはあなたです」といった評論家的な態度をとるようなことは、コンサルタントにはあってはならないのだ。それこそ組織のメンバーの一員として、自分が決断を下し、自分で行動するぐらいの心構えを持って、問題にコミットすることが求められるのだ。それぐらいの覚悟があってこそ、提案もすごみを持ったものとなる。

「このコンサルタントは、自分たちのことを本気になって考えてくれているな。こいつの言うことを信じてみようか」

と思ってもらえる。

逆に覚悟を持つことができず、及び腰のままで提案をしていると、その姿勢はすぐに相手に伝わる。「こいつは本気ではないな。俺たちにはルビコン川を渡らせておいて、自分だけは安全地帯にいるつもりだな」と見抜かれてしまうことになる。

だから決断力は、「相手に決断を促す立場」の人間にも必要な力なのである。最終的な決断を下すのは自分ではないが、自分で決断を下すのと同じぐらいの当事者意識を持って判断と提案ができないと、相手を動かすことはできないのである。

これはコンサルタントに限らず「相手に決断を促す立場」に立つことがある人には、必ず求められる姿勢である。

たとえば医師から難しい手術を提案されて、心が揺らいでいる患者がいたとする。この患者を手術に踏み切らせるのは、「この先生の言っていることは客観的なデータに基づいている」「この先生だったら腕が確かだから大丈夫」という医師に対する技術面での信頼感とともに、「この先生は本気で私の病気を治そうとしてくれている」という精神的な信頼感である。

またマネージャーが、社長や役員クラスに新規プロジェクトについての提案をしたとする。「彼は単なる思いつきで提案をしているわけではなさそうだな。会社の将来を真剣に考えたうえで、高い視点を持ってこのプロジェクトに取り組もうとしているな」「市場調査もしっかりとやっているし、それ以上に、会社人生を賭してこの新たな事業で市場でのイノベーションを起こそうとしている」と社長や役員に感じてもらえたときに、初めて相手は本気になってこちらの提案を検討してくれるのである。

日和見的な意見、評論的な態度では、決断させることはできない

3　決断し、決断させる

明智光秀に欠けていたもの

決断力がある人とは、「決断する力」と「決断させる力」の両方を兼ね備えている人だ。つまり自分で決断を下せる力を持っていると同時に、相手に決断を促し動かす力も持っているのだ。

決断には大きく「個人の決断」と「組織の決断」がある。

「今日の昼飯は何を食べるか」というのは個人の決断（決断というほどでもないが）である。どうしてもトンカツが食べたくなったら、周りの人間から「よくこんな暑い日にそんなものを食べる気になるな」と思われようがどうしようが、トンカツ屋に行けばいいだけの話だ。

だが組織の決断となるとそうはいかない。五、六人のグループで集まったときに、「今日の昼飯はみんなで何か食べに行こうか」という話になったとする。このときには「今日はトンカツ屋に行こう」と、自分一人が決断してもダメである。周りのほかのメンバーを「こんな暑い日だからこそトンカツが食べたい。いや食べるべきだ」とその気にさせないと、トンカツにありつくことはできない。単に「トンカツを食べに行こう！」という誘いではなく、「名店のトンカツ屋に行こう！　新しいメニューができたあの店に行こう！　みんな今夜は遅くまで会議で相当長丁場でお腹がすくからランチをガッツン系にしないともたないから行こう！」といったストーリーが決断プロセスに必要になるのだ。

つまり「組織の決断」では、自分で決めるだけでなく、自分の決断を周りが納得できるプロセス、ランチ決定プロセス自体を自分なりに描かなければならないのだ。周りの人間を一緒に決断に巻き込んでいくことが不可欠となるのだ。発案者だけではなく、メンバー全員が「それをしたい」「それをするべきだ」と賛同したときに、初めて「組織の決断」となる。だから「決断する力」だけでなく、「決断させる力」が必要になるのである。

ちなみに「個人の決断」についても、実は「決断させる力」が不可欠になるものが数多くある。わかりやすいのが結婚。自分が「あの人と夫婦になろう」と決断しただけでは結婚は成立しない。相手を決断させることによって、初めてめでたくゴールインとなる。

また転職だって、それによって大きく生活が変わるわけだから、家族がいる場合には自分一人の決断に留まらず、家族にも決断を促さなくてはいけない。

そう考えると、個人の決断、組織の決断にかかわらず、ほとんどの決断において「決断する力」と同時に「決断させる力」が必要になるといえる。

「決断させる力」がないと、笛吹けども踊らずの状態になってしまう。社長一人が「これからはアジアの時代だ。インドに拠点をつくるぞ」と息巻いてはいるが、社員がまったくついてこようとしない会社がある。これは社長に「決断する力」はあっても、「決断させる力」がないからこうなるのである。

明智光秀のクーデターが三日天下に終わってしまったのも、彼には「決断する力」はあったかもしれないが、「決断させる力」がなかったからである。

「敵は本能寺にあり」

そう高らかに宣言して、光秀が主君の織田信長が泊まる本能寺に兵を向けたのは有名な話である。しかし、実際には光秀が信長を討つことを告げたのは重臣だけで、雑兵たちには本能寺を襲撃する直前まで本当のことは知らされていなかったという。光秀は自分が下した決断に、兵がついてこないであろうことを十分にわかっていたわけだ。だから真意を隠したまま行動したのである。

クーデターを成功させた光秀は、岡山から急遽引き返してきた羽柴秀吉(後の豊臣秀吉)を京都の山崎で迎え撃つことになる。このとき秀吉軍は、岡山から京都までの約二〇〇キロもの距離を休むことなく歩き続けていたため疲労困憊していた。また光秀軍は秀吉軍を包囲するような形で陣を敷くことができたため、陣形的にも光秀軍のほうが優位だったといわれる。

にもかかわらず光秀は敗れた。その理由の一つは、期待していた武将たちから援軍を得ることができなかったからである。また光秀と行動をともにした家臣たちも、「主君殺し」という後ろめたさを背負いながら戦うことになったため、渾身の力を振り絞って挑んできた秀吉軍を前にひるんでしまったことも敗因とされている。

大義に劣る戦、というよりも大義なき戦が、軍勢として多勢であっても力を発揮するはずがない。疲労困憊の秀吉軍は、大義の戦いだ。そのエネルギーは、はかりしれない。

二〇一一年の女子サッカーW杯のなでしこたちの決勝戦。アメリカの選手が後に話をしていたが、「必死で戦っていたなでしこジャパンには、その奥に大きな何かがいた!」と。

「信長を討って天下をとる」と決意したことは、光秀にとって大決断であった。しかしだからといって光秀に「真の決断力」があったとはいえない。「信長の時代から光秀の時代へ」という方向に、周りの人間を巻き込んでいくことが彼にはできなかったからだ。決断はできても、決断をさせることはできなかったのだ。

「暑い日にどうすれば、みんなでトンカツを食べに行けるか」を考えよう

「野口さん、脳に腫瘍ができていますよ」

決断においては「決断する力」と「決断させる力」の両方が大切だ。最近、そのことを身を持って実感することになったある出来事があった。

「野口さん、脳に腫瘍ができていますよ」

人間ドックを受けたクリニックの医師から、そう告げられたのは二〇一一年三月十五日のことである。

検査自体を受けたのは、その四日前の三月十一日。つまり東日本大震災が発生した日。

その日私は、産業医を勤めていただいているドクターのクリニックで午前中に心電図検

査、血液検査や胃カメラ検査などを受け、午後から脳ドック検査のクリニックに移動してＭＲＩ検査を受けた。地震に見舞われたのは、ようやくＭＲＩ検査を終えて、クライアントのオフィスに打ち合わせに向かうため、銀座四丁目の街を歩いていたときのことだ。見慣れた銀座の街が映画のセットのように揺れているシーンが目に焼き付いている。

そしてその数日後に、今度は脳に腫瘍ができていることを知らされた。大きな出来事が立て続けに我が身に起きたあの数日間のことは、今でも鮮明に覚えている。

幸い腫瘍は、「聴神経腫瘍」といって良性ということだった。どうやら今すぐ命にかかわる病気ではなさそうだ。ただし腫瘍が大きくなると、聴力の低下、めまいなどの症状が現れ、さらには顔面のしびれや麻痺などが起きる怖れがあるという。

「そういえば……」と、私は病名を告げられてから初めて気がついたことがあった。七年ほど前から人間ドックを受けるたびに、左耳の高音の聴力が低下しているという検査結果が出ていたのだが、私はこれを「きっと交通事故の影響だろう」と判断していた。

今から八年前、ほかの方が運転する車に同乗していたところ、走ってきた乗用車にぶつけられ、その衝撃で左手の腱を損傷したことがあった。その直後から「左耳の高音の聴力の低下」という検査結果が出るようになったので、「左手の腱を傷つけた関係で、きっと左の聴力も低下したんだろう」と勝手に思い込んでいたのである。聴力の低下といっても、日常生活に支障を来たすほどではなかったのでそのまま何の処置もしなかった。しかし事実は、交通事故によるものではなく、聴神経腫瘍によるものだったのである。

素人判断というのは恐ろしいものである。決断プロセスでいえば、「判断材料の収集↓判断軸の設定↓判断↓決断」のすべてを私は間違っていたことになる。

つまり、積極的に判断材料を集めようとしなかったために、明確な判断軸を設定できていなかったのだ。そのため、日常に支障がないことをいいことに、交通事故の影響だろうと勝手に判断してしまっていたのである。

誤解や思い違いは、「浅い判断」や「思い込み」から生じる

「来年の二月十三日に手術してください」

人間ドックでの検査結果を受けて、私はさっそく脳腫瘍の中の約一〇％の病気である聴神経腫瘍について高い治療実績をあげているT病院で専門的な診断をその日に受けること

にした。私の主治医となったのは、H先生という男性の脳神経外科医だった。

H先生は、造影剤を使ったMRI検査を再度、その日に取り直して、その後、外来で私の症状と聴神経腫瘍の治療法について、きわめて論理的かつわかりやすい言葉で説明してくれた。

聴神経腫瘍については、開頭手術による腫瘍の摘出か、ガンマナイフを用いた放射線手術か、あるいは経過観察といって、とりあえず治療は行わずに病気の進行状況を注意深く見守るという三つの選択肢がある。

ただし私の場合、腫瘍ができている位置や形状からいって、ガンマナイフ放射線手術は難しいということだった。となると選択肢は、開頭手術か経過観察ということになる。

経過観察という選択肢があるのは、手術をする場合のリスクを考慮してのものだ。聴神経腫瘍の手術は、腫瘍ができている部分を顕微鏡で拡大しながら行うのだが、誤ってほかの神経を傷つけてしまうと、顔面神経麻痺などの後遺症が出る危険がある。また脳の中の血管を傷つけると、大量出血が起きることがある。

一方、腫瘍の大きさが二〇ミリ未満に留まっている段階であれば、日常生活にそれほど大きな影響をもたらす症状が現れることがなければ様子を観るということが一つの方法だった。また腫瘍の進行が途中で止まって、それ以上大きくならないということもあり得るのだ。

だから二〇ミリ未満の場合は、手術後の結果とリスクのバランスを考えて、手術ではなく経過観察が選択されることが多いというのだ。

当時、私の腫瘍の大きさは一八・五ミリ。手術に踏み切るべきか、とりあえず経過を観察するべきか、ちょうど微妙な大きさだった。

H先生は、「数カ月後に再検査をして、そこで検討しましょう」と言った。

そして二〇一一年八月に再検査。その結果、腫瘍は一ミリだけ大きくなって一九・五ミリになっていた。残念ながら、脳の中にある私の腫瘍はその後も進行を続けていたわけだ。しかしだからといって手術に踏み切るべきかというと、やはり微妙な大きさだった。

だがH先生と接するうちに、私の覚悟は次第に定まっていった。決断プロセスに変化が生まれてきたのだ。決断は、患者がすることだ。その決断の前の判断材料を提示して、ときに決断を促すのがドクターの仕事だ。「この先生だったら信頼できる。この先生が判断した内容を基本に私も決断しよう」と考えるようになっていたのだ。

「もし先生が私の立場だったらどうしますか。今の段階で手術をしますか。それとも経過観察を続けますか」

「手術をするリスク、しないリスクを教えていただけますか」

と、私は質問した。

H先生はしばらく考え込んだ後、口を開いた。

「微妙な問題です。大きさが、まだ、決断する線を超えているとは言い難いので。ただ、この五カ月で一ミリの成長はいい状況とは言えないし、野口さんはまだ、若い。選ぶのは野口さんですが、私は、若い元気なうちに手術するほうをどちらかというと勧めます」

「手術のリスクは、カテーテル検査でのリスク、手術中の大量出血・顔面神経の切断・抵触リスク、手術後のケアでのリスクがあります」

「手術をしないリスクは、左の聴力ゼロ、日常生活に問題が生じるレベルのめまいの増大です」

そして、私の心は決まった。「わかりました。先生にオペ、お願いしたいと思います」と私は答えた。そしてその場でスケジュール帳を開いてこう言った。

「では手術をしてください。ちょうど半年後の来年の二月十三日月曜日だと都合がいいのですが、先生の予定はどうですか?」と。

明確な判断を行い、リスクを把握すれば、迷わずに決断できる

私の「決断する力」、医師の「決断させる力」

私が「二〇一二年二月十三日に手術をする」とスパッと決断することができたのは、口幅ったい言い方になるが、一つには私に決断力があったからである。

私にとって手術は初めての経験ではない。以前大腸がんになったときに手術を受けている。

だから私は病気や手術に関しては、ほかの人よりも相当肝が据わっているほうだと思う。今回の手術は、頭蓋骨を開けて腫瘍を取り出すわけだからかなりの大手術になる。しかし、だからといって不安感から平常心を失いそうになるといったことはまったくなかった。手術をするべきか否か、きわめて冷静に判断ができたと思う。人間、何事も経験を積むと強くなるのである。

聴神経腫瘍の影響で、すでに私の左耳の聴力は右耳の四分の三程度に落ちていた。H先

生からは「このまま放置しておくと、最終的には左耳がまったく聞こえなくなる可能性がある」と告げられていた。手術によって腫瘍を摘出しても聴力が戻ることはないのだが、しかし進行を止めることならできる。

「それなら早いうちに手術に踏み切ったほうが賢明だろう」

と、私は判断したのだ。

不安要素は、手術には諸々のリスクが伴うということだったが、前述したように私はそれまでのやりとりからH先生を完全に信頼していたし、大体のリスクは聞いていた。だからH先生の「選ぶのは野口さんですが、私は、若い元気なうちに手術するほうをどちらかというと勧めます」という言葉を聞いたとき、私の中で「今、手術をしたほうがいいのではないか」という判断は、「手術をしよう」という決断に即座に切り替わったのだ。

ちなみに、私が、手術を決断したのは、H先生の診察室~外来のその場所で、ほんの数分の中で決めたのだ。

私が手術を決断したのは、私の「決断する力」とH先生の「決断させる力」が完全に噛み合った結果だったといえる。

「H先生だったら信頼できる」と私が確信した理由は、大きく二つの面から説明できる。

一つはH先生が聴神経腫瘍に関する手術を年間何十例も手がけていて、技術的にもトップクラスの医師であるという情報を事前に入手していたこと。

その豊富な経験を裏打ちするかのように、H先生の病気や手術に関する説明は非常にわかりやすく、一つひとつが腑に落ちるものであった。手術の難易度、手術の流れ、術後の痛み、合併症のリスク、日常生活への復帰のめど……。こういった私のさまざまな疑問にほぼ即答で答えてくれた。

そしてもう一つは感覚的な表現になるのだが、H先生の話し方や物腰、表情が、患者である私に「この先生だったら任せても大丈夫だな」という安心感を与えるものであったということだ。

あるときH先生は私に、穏やかな表情で「手術をするときには私が執刀を担当しますから、安心してください」といった意味のことを言ったことがあった。

その発言を聞いたとき、「ああ、H先生は手術に対して何の不安も迷いも持っていないんだな」と私は直感的に思った。心の奥底から、ぐっと醸し出されてくるような自信をH先生から感じとったのである。

医師が手術に不安や迷いを感じていないのであれば、患者が不安や迷いを感じる理由は何一つない。何しろ実際に手術をするのは、私ではなく医師のほうだ。私は手術台で横になって寝ているだけである。だから私はスパッと手術を決断することができたのだ。

安心感、納得感、共感が真の決断をもたらす

「あなたには任せられない」と人が思うとき

実は私は以前、やはり他の病院でこれとはまったく逆の体験をしたことがある。

私には「発作性上室性頻拍」という心臓の持病がある。これは何の前触れもなく突然脈拍が異常に速くなるという病気だ。通常はしばらく安静にしているとおさまるのだが、三〇～四〇分たっても発作が続くときには病院に向かうことになる。

ある日、クライアント先で仕事をしているときに発作が始まって、都心のある病院のERに飛び込んだことがあった。治療にあたった循環器科の医師はいかにも野心家という感じの若手の女医。私の症状が（薬を三回も変え）三番目の投薬で治まった後に「野口さん、この病気は根治させることが可能です」と、高周波カテーテル・アブレーションとい

う治療法を勧めてきた。

この治療法は、頻拍の原因となっている経路を電極カテーテルで焼いて破壊するというもので、以前もほかの医師から提案されたことがあった。

その若手医師は、「高周波カテーテル・アブレーションを用いた治療において、いかに自分が高い医療技術を持っているか」ということを押しの強い口調でアピールしてきた。そして矢継ぎ早に、「次の外来の予約はいつにしましょうか？」とも言い出した。まだ、私は、ＥＲのベッドの上だ。

私は彼女の説明を聞くうちに、「もし治療を受けるとしても、あなたを主治医に選ぶことはない」と思うようになっていったのである。

彼女自身がアピールをするように、本当にこの若手医師は高い医療技術を持っているのかもしれない。だが私は「この先生とだったら一緒にルビコン川を渡ってもいい」という安心感をどうしても抱くことができなかったのである。ひと言でいえばこの若手医師に、相手軸の薄い過信を感じたのである。

私は先ほど「自分は病気や手術に関しては肝が据わっているほうだ」と述べたが、それでも手術が大きな決断であるという点は、ほかの患者と変わりない。だから医師に対しては治療実績や技術面での実力だけではなく、「この先生だったら、手術を委ねても後悔することがないか」という感覚的な部分も非常に重視する。

H先生については実力も安心感も抱くことができたが、この若手医師については実力はあったのかもしれないが、肝心の安心感を持つことができなかったのだ。

ではH先生が醸し出している安心感というのは何に由来するのだろう。

一つはH先生のコミュニケーション能力の高さである。

H先生は、「悩みどころですが、私が患者の立場だったら、手術を選ぶ確率は高いでしょう」とは言ったが、だからといって私に手術を無理強いしようとはしなかった。

前述したように、私たちは「ｍｕｓｔ」と「ｃａｎ」と「ｗｉｌｌ」が揃ったときに、自ら望んで行動するようになる。人によって治療法に対する「ｗｉｌｌ」はそれぞれ異なる。私のように即断即決に近い形で手術をすることを決めてしまう人もいれば、できる限り手術は避けたいと考える人もいるだろう。その点H先生は患者の「ｗｉｌｌ」を大切にしてくれた。

言い換えれば、治療方針を判断するときの判断軸が、自分本位（自分軸）ではなく、患者の立場（相手軸）に立ったものだったのである。

だから私は「この先生だったら治療方針や治療結果を巡って不信感を抱くことはないだろう」と信頼を寄せることができたのだ。

もう一つは、これまで数々の重大な決断を下してきた中で培われたのであろう揺るぎない自信をH先生から感じとったことだ。人は「判断材料の収集→判断軸の設定→判断」の決断サイクルを回すうちに、その精度がどんどん向上していき、判断・決断にブレがなくなっていくものだが、まさにH先生の言動にはいつもブレがなかった。だから「すごく頼れる感じ」がしたのである。

相手軸で判断軸の設定ができること、そして、常に言動にブレがなく頼れる感じがすること。相手を「決断させる力」がある人とは、この二つを備えている人である。

二〇一二年二月十三日、私は予定どおりに手術に臨んだ。九時間に及ぶ大手術となったが、無事、H先生のチームの力によって終えることができた。

人は相手の態度、醸し出す雰囲気に影響される

つのプロセスを理解しよう

っぽうの決断

ここまで述べてきたように、私たちがある事案について納得のいく決断を下すためには、決断プロセスを正しく踏むことが大切である。

ただし、あらかじめ前にも述べたとおり、ここまで取り上げてきた、「判断材料の収集→判断軸の設定→判断→決断→実行」という決断プロセスは、簡略バージョンである。

ある問題に直面したときに、判断から決断、実行にいたるためにとるべきプロセスは、実際のところはもう少し複雑である。決断プロセスの正式バージョンは、

①前提の確認
②目的&目標化
③課題の体系化

図表 1-2

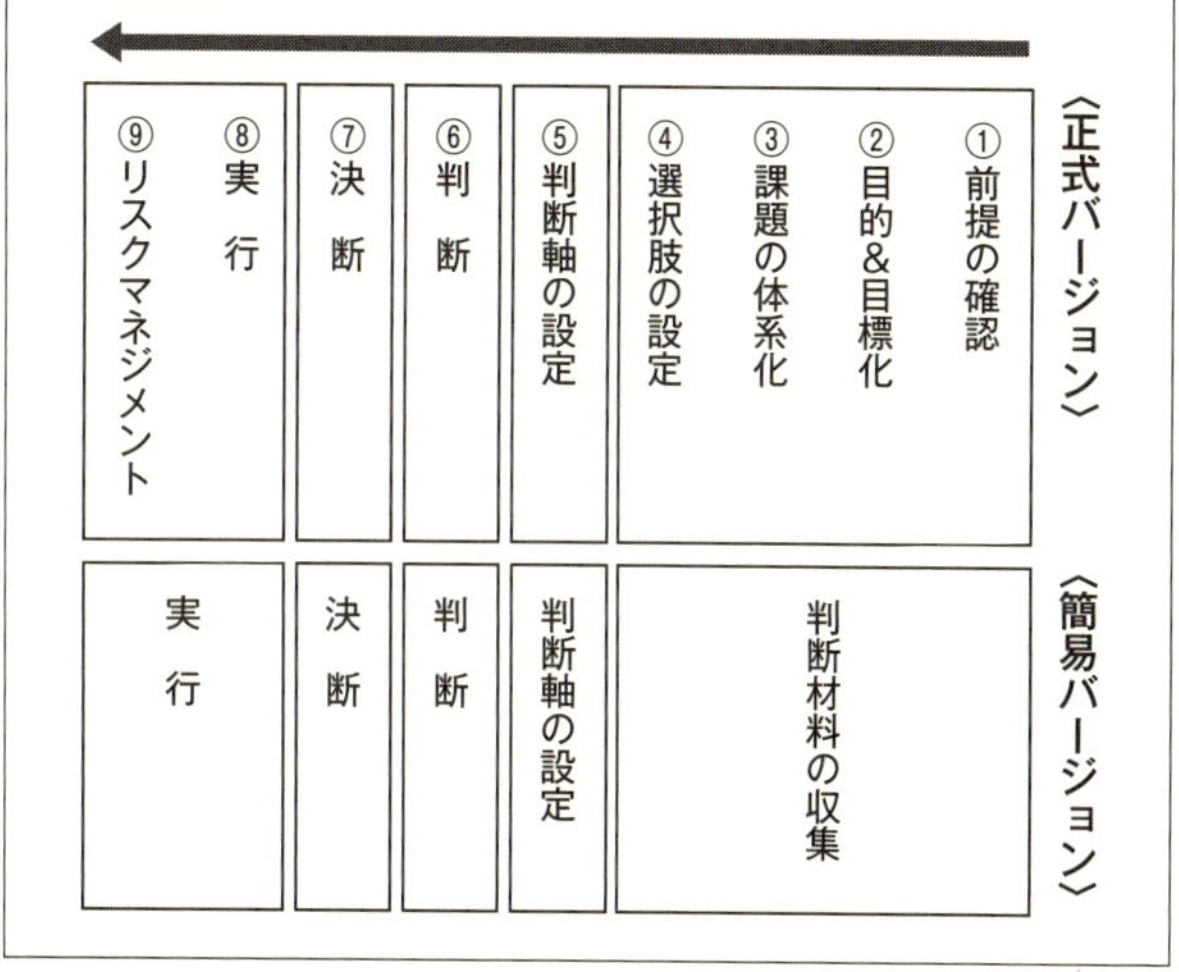

④選択肢の設定
⑤判断軸の設定
⑥判断
⑦決断
⑧実行
⑨リスクマネジメント
の九つのプロセスになる。

「それなら最初から正式バージョンのほうで説明してくれよ」と思われたかもしれないが、九つのプロセスをいきなり冒頭から説明すると話が煩雑になるので、便宜上、簡略バージョンのほうを用いさせてもらっていた。お許しいただきたい（図表1―2参照）。

さて決断プロセスの正式バージョ

ンは、まず「前提の確認」から始まる。前提の確認とは、ひと言でいえば、「自分が直面している問題は何か」「自分は今どのような状況に置かれているか」を確認することである。背景や立ち位置という意味でもある。

私が患った聴神経腫瘍でいえば、「聴神経腫瘍とはどういう病気か」「現在の私の病気の状態はどうなっているのか」「この病気が重くなると私の仕事や暮らしにどのような支障が生じ、家族や会社にどんな影響を与えるのか」といったことをしっかりと把握するのが、前提の確認にあたる。

次が「目的&目標化」。これは直面している問題に対して、自分はどうしたいのか、どうなりたいのかを考え、目的や目標を立てることである。

私の病気は、脳の腫瘍が大きくなるにつれて、聴力の低下やめまいなどの症状が次第に重くなるというものだ。私は「マトリックス」というおやじアカペラバンドで十五年以上も音楽を楽しんでいる。ときどきライブ活動なども行っている。そこそこ本格的で、六本木にあるスイートベイジルといって普段はプロのミュージシャンがライブをするライブハウスの舞台に立ったこともあるし、ちょい役ではあるがNHKのドラマにバンドとして出演したこともある。

音楽活動にとって耳は命である。私はこれからもアカペラバンドを続けたいので、これ以上の聴力の低下は避けたいところだ。

またはめまいに関しても、たとえば車を運転しているときにめまいを起こして意識が薄れるといった事態は絶対に防ぎたい。

そのため「これ以上の症状の進行を食い止める」というのが、私にとっての「目的&目標化」となった。

三つ目は「課題の体系化」である。これはそれまで集めた情報や考えてきたことをもとに、浮かび上がってきた課題を整理する段階にあたる。

私でいえば、治療を受けるにあたっての一番のネックは仕事を休むことである。H先生からは、手術をするとなると三日間の検査入院と二週間程度の入院、そして同じく二週間程度の自宅療養が必要だと言われていた。私はHRインスティテュートという会社の経営者であり、現場の現役のコンサルタントでもある。いくら治療とはいえ、クライアントに迷惑をかけるのは最小限に抑えたい。手術をする場合には、スケジュールの調整が課題になると考えた。

そして四つ目は「選択肢の設定」。

今回のケースでは選択肢は比較的シンプルで、ガンマナイフという選択が早い時点で消えたので、開頭手術を選ぶか、経過観察を選ぶかのどちらかだった。また手術に踏み切るとなると、今すぐ行うのか、半年後や一年後に行うかという時期を選択する必要がある。

ちなみにここまで述べた、①前提の確認、②目的&目標化、③課題の体系化、④選択肢の設定をするうえで必要になるのが、決断プロセスの簡略バージョンで説明した「判断材料の収集」である。判断材料を集めておかないと、「前提の確認」も「課題の体系化」も「選択肢の設定」も不可能になり、私たちはあてずっぽうで物事を判断しなくてはいけなくなる。

九つのプロセスを経ることで、決断の精度は劇的に上がる

私が遺言状を書いたわけ

判断材料を収集しつつ、自分が直面している問題を把握し（前提の確認）、その問題をどうしたいのかを意識化し（目的&目標化）、物事を進めていくにあたって考慮しなくて

はいけない課題を整理し（課題の体系化）、課題を解決するためにどんな選択肢があるのかを洗い出したら（選択肢の設定）、いよいよ次は判断・決断を行うステージに入る。

全部で九つある決断プロセスのうちの五つ目は「判断軸の設定」。

私が今回の治療において判断軸にしたのは、「病気と付き合う」でも「様子を観てどうしてもという際に決める」でもなく、「現状の聴力を維持すべく、この病気の根を絶つ」ということだった。聴力の低下やめまいの不安を抱えながら暮らすよりも、早いうちに腫瘍を摘出することによって病気を完治させるということを判断軸に据えることにしたのだ。手術にはいくつか大小のリスクが伴うとしても、である。ただし課題の体系化の段階で浮かび上がってきたように、治療で仕事を休み、クライアントに迷惑をかける事態は回避したい。

そこで私が下した「判断」は、「半年後の二〇一二年二月に手術をするためにスケジュール調整をする」というものだった。すでに二〇一一年八月の段階で、来年の二月の予定はいくつか入っていたが、半年先であればそこはなんとか調整できる案件だった。どうしても調整が利かない案件については、副社長にフォローしてもらうことにした。

「判断」の次は「決断」である。先にくわしく述べたように「二〇一二年二月十三日に手術をする」という私の判断は、H先生の「決断させる力」にも支えられて、決断へと変わった。そしてその決断のとおり、二〇一二年二月十三日、私は手術を「実行」した。

こうして私は、①前提の確認、②目的&目標化、③課題の体系化、④選択肢の設定、⑤判断軸の設定、⑥判断、⑦決断、⑧実行の決断プロセスを踏んで、聴神経腫瘍の手術を行ったわけだが、もう一つ忘れてはいけないものがある。

それは、決断プロセスの九つ目にあたる「リスクマネジメント」である。

私はH先生を信頼していたが、しかし手術には万が一ということが起こり得る。そのため私は、もし自分が死亡もしくは重い障害が残ったときに備えて、家族や会社宛てに遺言状を記しておいた。またちょうど会社の退職金制度をつくっているときだったので、入院の前にこれを完成させた。こうして私は、リスクマネジメントを万全にしたうえで手術に臨んだのである。

今回の手術に限らず、私はあらゆる決断においてこの九つのプロセスを踏むことを重視している。これは私に限ったことではない。繰り返すが、個人にせよ組織にせよ、適切な決断をするためには、適切な決断プロセスを踏むことが不可欠となる。

決断は、決断プロセス全体が重要なのだ。

リスクマネジメントを怠れば、画竜点睛を欠くことになる

ボッシュの世界戦略

「決断プロセスを踏んだうえでの決断力」という点において、私が高い評価をしているのが、ドイツのボッシュ社の新興国市場戦略である。

ボッシュは、世界を代表する自動車部品メーカー。日本のデンソーとは良きライバルであり、終戦直後の日本の自動車産業の勃興期には、ボッシュがデンソーに技術協力を行っていたこともあった。

ボッシュはこれまで、ダイムラーやＢＭＷといったドイツの自動車メーカーを中心に自動車部品を供給してきた。ドイツ車が高い国際競争力を有しているのは、ボッシュの技術力なくしては語ることはできない。ちょうどデンソーの技術力なくして、トヨタの国際競争力を語ることができないのと同じである。

ドイツの自動車メーカーの特徴は、ダイムラーが手がけるメルセデス・ベンツにしても

ポルシェにしても、あるいはＢＭＷにしても、付加価値性の高い製品を世に送り出してきたことである。

しかし現在、世界の自動車マーケットの潮流は中国やＡＳＥＡＮ、インドといった新興国市場に移行しつつある。インドのタタ・モーターズなどは、新中間層といわれる消費者層を対象に、それこそ日本円にして二〇万円にも満たない低価格の自動車の販売を始めている。ボッシュとしても、先進国の自動車メーカーに部品をおさめるだけでなく、新興国への事業展開が求められる時代がやってきたわけだ。

そこでボッシュが打ち出したのが、約六〇〇〇人の技術者を集めた研究開発センターをインドに立ち上げるという構想である。六〇〇〇人が勤務する巨大研究開発センターをつくるというのは、ものすごく大きな決断である。日本のメーカーには、このような大胆な決断はできにくい。

ただしこの決断は、単にスケールが大きいということに意味があるのではない。

タタ・モーターズの自動車は、部品点数を極力削減し、比較的単純な部品と部品の組み合わせによって車ができる仕組みをつくることによって低価格を実現した。つまり高級車とは、いやこれまでの大衆車と比べても部品構成や製造工程が大きく異なる。

自動車部品メーカーにとって、こうした低価格自動車に求められる自動車部品を提供できる技術、ノウハウをいち早く獲得することは、新興国市場において圧倒的優位に立つことを意味する。ボッシュの部品なくしては低価格自動車をつくれない状況になれば、ボッシュは自動車メーカーと対等な関係になるどころか、より強い立場に立つこともできる。

ボッシュが最近打ち出してきている電気自動車の部品プラットフォーム戦略と似た感じだ。自動車メーカーは、本来、すべての部品を固有なものとして欲しがる。が、ボッシュの考えた電気自動車市場は、多くの自動車メーカーで部品を共通化させるものだった。それは、コストが低くなるからだ。

巨大研究開発センターをインドに開設することを決断したボッシュの狙いもこの電気自動車プラットフォーム戦略に近いもので、できるだけ部品を共通化して、しかも、部品点数を激減させるプラットフォームをつくることにあるのだ。インドは人材の宝庫であり、ここに拠点を置けば、低コストで優秀な技術者を数多く育てることが可能になる。

このボッシュのインド戦略の責任者を務めているのが、将来のCEO候補といわれているベルント・ボア氏である。ボア氏はボッシュ全体の品質管理の責任者でもあり、また同社が一番得意とするエンジン周りの制御システムの担当者でもある。そういうキーマンをンド戦略の担当責任者に抜擢したところに、ボッシュの本気度が窺える。
同社の卓越した決断力について、以下九つのプロセスを追ってみてみよう。

①前提の確認＝現在、自動車マーケットの潮流が新興国市場に移行している
②目的&目標化＝新興国市場において不可欠な存在になる
③課題の体系化＝「土地・人員の確保は可能か」「進出の時期をどうするか」など
④選択肢の設定＝「自ら進出」「現地企業と提携」「海外の企業と協力」など
⑤判断軸の設定＝新興国に拠点をつくり、低価格自動車市場で優位に立つ
⑥判断＝インドに六〇〇〇人規模の巨大研究開発センターを設立するのがよい
⑦決断＝インドに六〇〇〇人規模の巨大研究開発センターを設立しよう
⑧実行＝研究開発センターの設立
⑨リスクマネジメント＝「赤字の場合の対応」「労働者問題への対応」など

このように、「判断」「決断」にいたるまで、決断のプロセスが強く太い幹のように一貫していることが、ボッシュの「決断」の素晴らしさを表している。

迅速かつ正確な情報収集と仮説づくりがボッシュをなくてはならない存在にする

「キットカット」の味は国や地域で違う⁉

こうしたボッシュの決断力と比べると、多くの日本企業の決断は状況対応型であるといえる。

現在日本企業も、「日本国内ではモノが売れなくなった」「国内に生産拠点を置いていてはコスト競争力を維持できなかった」といった理由で、アジアを中心とした新興国市場への進出がものすごい勢いで進んでいる。その動き自体はもちろん間違ったものではない。ただし「日本ではモノが売れなくなったからアジアへ」という発想だけで、海外に販路を拡大したり生産拠点を置いても、そうした場当たり的な対応では高い戦略性を持った外国企業に太刀打ちできない。

スイスに本社を持つネスレという食品メーカーがある。ネスレは食品業界では世界最大の企業で、売上高は九兆円以上に達する。ちなみに日本の食品会社で最も売上高が大きいのは味の素で、その額はおよそ一兆一〇〇〇億円だ。

スイスの人口は約七八〇万人。日本のわずか一六分の一にすぎない。にもかかわらずネスレが世界最大の食品メーカーたり得ているのは、言うまでもなく海外展開を積極的に進めてきたからである。ネスレの地域別の売上高は、ヨーロッパが約三〇%、南北アメリカが約三〇%、アジアが約一五%となっている。

ネスレがもしスイスの国内市場だけでビジネスをしていたら、どんなに努力をしても日本でいえば「地方の地場食品メーカー」レベルの売上に留まっていただろう。何しろスイス本国の売上高は、ネスレグループ全体に占める売上高のわずか一%にすぎないのだから。つまりネスレにとって組織を成長させるためには、海外に事業を展開することが必須の条件であった。

海外に進出するときに課題となるのは、文化や経済の多様性である。特に食品は、地域、国、民族によって嗜好が大きく異なる。また経済の発展の度合いによって、消費者の購買力も国によってそれぞれ違う。

そこでネスレが打ち出したのが「Think global, Act local」というコンセプトである。経営戦略の構築やブランドの管理はグローバルに行うが、実際のアクションプランは地域別に作成するというわけだ。ネスレ会長のピーター・ブラベック‐レッツマット氏は、あるインタビューで次のように答えている。

「この業界に関する限り、『グローバル・コンシューマー』は存在しない。食品・飲料というものは限りなくローカルなものであるため、それぞれの地域、国、エリアの消費者と我々は常に一緒に在るという考え方が大切であると思う。その意味で、『ローカル・コンシューマー』を尊重することは不可欠である。この業界において、『グローバル・コンシューマー』が存在すると考えた瞬間に、我々はおしまいになってしまうだろう」

ネスレが製造しているお菓子の一つに「キットカット」というチョコレートがある。今度海外に旅行する機会があったときにはぜひ食べ比べてみてほしいのだが、ヨーロッパやアメリカで売られているキットカットは、パッケージデザインはほとんど相違がないのに、味については日本のものとはかなり違うことに気づくはずだ。それぞれの地域・国のローカル・コンシューマーの嗜好に応えるためである。

また日本のキットカットの特徴は、期間限定味やご当地ものが非常に多く、商品ラインナップが豊富であるということだ。これも商品のライフサイクルが極端に短い日本のマーケットや、新しいモノ好きで、微妙な味の違いを味わい分けることを喜ぶ日本の消費者に対応した結果であるといえる。

ネスレの強さは、決断プロセスにおいて最初の段階で必要となる「前提」が明確なことである。「スイスという人口が八〇〇万人にも満たない国の中では、企業は絶対に大きくなれない。海外に出ていくしかない」というのは、ネスレにとって自明の大前提である。「ネスレのブランドを維持しながら、世界各国のマーケットで確固たるポジショニングを維持する」という「目的&目標」も、それを実験する手段として設定した「Think global, Act local に展開する」という「判断軸」も、海外に出ていかない限り自社の未来はないという「大前提」から導かれたものだ。つまり決断プロセスが一貫しており、ブレがないのである。

従来どおりの「状況対応型」ではもう生き残れない

場当たり的な決断では日本企業は勝てっこない

今、多くの日本企業もネスレと同じように「海外に出ていかない限り自社の未来はない」という状況に置かれている。ただし残念ながらネスレと日本企業とでは、海外展開の経験値においても、決断プロセスを踏んだうえでの決断力という点においても、大きな差がある。

日本企業が海外に目を向けているのは、国内市場の縮小という時代背景によるものだ。しかしネスレの場合は、スイスで会社を起こした時点から海外に行くことは必然であった。時代がどうこうという問題ではなく、そもそもの市場規模からして海外に出ていかざるを得なかったのである。

ネスレが設立されたのは一八六六年のことだが、すでに一九〇〇年頃にはアメリカやイギリス、スペインなどに工場を建て、欧米で幅広く事業を展開するようになっている。一九四〇年代にはラテンアメリカを中心とした途上国にも進出している。

一方、一部の企業を除き多くの日本企業が「海外に出ていかない限り自社の未来はない」ことを前提に深く経営を考えるようになったのは、つい最近のことである。しかも「前提の確認」は行われているとしても、「前提の確認」から「目的&目標化→課題の体系化→選択肢の設定→判断軸の設定→判断」という一貫したプロセスを踏んだうえでの決断が行われているかというと、かなり心もとない。

九〇年代以降、日本企業は大型合併を繰り返すことによって、規模の大きさで外国の企業と勝負しようとした。

しかし合併とは、組織文化も、経営思想など目指してきたことも、抱えている課題もそれぞれ異なる企業が一つになることである。だからこそ合併時には、企業としての新たなミッションやビジョンを明確に打ち出すことが不可欠になるのだが、日本の企業はそのあたりを曖昧にした合併をしてしまったケースが非常に多い。

するとと海外展開をするにしても、「海外の市場においてどんな存在になることを目指すのか」「そのために何をするべきなのか」といった会社の方向性を一つに定めることができないまま、場当たり的に物事を決断しなくてはいけなくなる。

これでは、高い戦略性を持って判断、決断、実行をしているネスレやボッシュ、さらには韓国や中国やアメリカの企業に勝てないことになってしまうのだ。

決断プロセスがしっかりと議論されずに、一部の経営者だけでしかも、国内市場のかわりに海外市場を取り込むという曖昧な判断軸で、決断プロセスを進めるだけとなってしまってはいけないのだ。

ライバルである海外勢に立ち向かうには、決断プロセスをしっかりとさせた「戦略的な決断」が必要

結局、決断力とは何か？

さて、ここまで私が話をしてきた「決断力」についての考えを少し整理してみよう。

私は、人は誰もが決断をしなければいけない場面があり、決断力はすべての人に必要になる能力であると述べた。しかも決断力は「自分が決断を下すとき」だけでなく、コンサルティングのように「相手に決断を促すとき」にも求められる力である。営業マンが顧客に、マネージャーが役員に、医師が患者に決断を促すときには、決断を促す立場の人間も決断力を持っていないと、相手を動かすことはできないのである。

また決断とは「決断をするまさにその時」だけのことを言うのではなく、決断、実行にいたるまでのプロセスに本質があるという話もした。

決断プロセスを軽視すると、それは三代目社長や鳩山元首相のように浅い決断になっ

てしまう。また決断プロセスの「前提の確認」や「目的&目標化」「判断軸の設定」を間違ってしまうと「判断」を間違うことになり、さらに「判断」を間違うと「決断」を間違うことになる。

「前提の確認」から「判断」「決断」、そして「リスクマネジメント」にいたるまで一貫性があることが優れた決断を行うための条件となるのである。

以上、決断力を簡易版では五つ、正式版では九つのプロセスに分解して、解説してきた。次章以降では、「判断」（第2章）、「決断」（第3章）、「実行力とリスクマネジメント」（第4章）の三つのフェーズに分け、「決断力」の磨き方、身につけ方に迫っていく。

決断とは点ではなく、判断材料の収集からリスクマネジメントまでの一連のプロセス

第2章

ロジカルシンキングを超える

――判断力の磨き方

1 すべては、「問題の整理」から始まる

「判断軸」とは言うが、「決断軸」とは言わない

適切な決断をするためには、適切な判断ができなければならない。そして、適切な判断をするには、適切な判断材料がなければならない。適切な判断材料を集めるには、適切な思考法や価値基準がなければならない。

本章は、この適切な思考法と価値基準を考えていきたい。判断力はどうすれば磨かれるかをテーマにした章である。

繰り返しになるが、判断力と決断力の有無について考えると、大きく三つのタイプの人物がいる。一つは「判断力がないので決断力もない人」、一つは「判断力はあるのだが決断力がない人」、そしてもう一つは「判断力もあって決断力もある人」である。

一つ目のタイプは、正しい判断ができないので、正しい決断もできない人のことである。二つ目のタイプは、正しい判断はできるのだが、一歩を踏み出す覚悟と胆力がないので、決断ができない人のことである。そして三つ目は、正しい判断ができて、なおかつ覚悟と胆力を備えているので、ズバッと決断ができる人である。

「判断力はないのだが、なぜか決断力がある人」というのは、世の中には存在しない。判断力がない人が下す決断は、あてずっぽうの決断である。間違った決断をする可能性のほうが断然高くなる。そういう人がいくら即断即決で決断を下していたとしても「あの人、決断力があるなあ」とは誰も認めないのである。

決断力がある人は、必ず判断力も備えているものなのだ。「判断力なくして、決断力なし」なのである。

では判断力とは、そもそもどういう力なのか、ここでもう一度しっかり考えてみたい。

私たちは「判断基準」とか「判断軸」といった言い方はするが、「決断基準」とか「決断軸」とは言わない。

これは決断の段階では、もう自分がやるべきことはすでに決まっているからだ。後はそのやるべきことを「やるかやらないか」決断するだけである。だから決断をするための基準とか軸といったものは不要なのだ。

一方判断の段階では、自分がやるべきことはまだ定まっていない。上司から「最近おまえのチームだけ売上が低迷しているぞ。なんとかしろ」と叱咤されていたとしても、売上が低迷している原因は何で、どうすれば売上を再び伸ばすことができるのか、まだ問題が混沌としていて整理されていない段階であれば決断はできない。だからさまざまな問題の整理を行うための判断基準や判断軸が必要になるわけだ。

つまり判断力とは、売上低迷を例にすれば、①今、チームの中で何が起きているかという自部門の要因を基本にした軸、②顧客の購買決定要因、市場の競合の状況という市場の要因を基本にした軸、③商品力、価格力、チャネル力、デリバリー力といった自部門ではない他の部門の要因を基本にした軸に分けて考える能力のことをいう。もちろん、これらの要因が複合的にからんでいるケースも多いが、とにかく、問題の本質を考える際にどのような軸で思考するか、仮説構築するかを決めるのが判断力となる。

判断力がないと解決策も通りいっぺんのものになり、抽象的な切れ味のない非戦略的な決断にならざるを得ない状況をつくってしまうのだ。決断力は、判断力あっての決断力となる。

「判断力もあって、決断力もある人」を目指そう

フレームワークを使って頭を整理する

判断をするうえで、まず最初に必要になるのが判断材料の収集である。判断材料がなくては、「自分たちのチームは今どんな問題を抱えているのか」という状況を把握することもできないし、「問題を解決するためにどうすればいいのか」についての選択肢を洗い出すこともできないからだ。

「チームの売上低迷をなんとかする」というのが解決課題であるとするならば、チームに何が起きているかを把握するために、営業部員の日報を読み込んだり、ここ数年の営業データを分析したり、部下に直接ヒアリングを行ったりといったことが必要になるだろう。また新聞や雑誌などで業界や競合他社の動きをチェックすることも不可欠になる。

こうやって判断材料を集めたら、次はその材料を整理・分析する段階になる。この整理・分析の段階で、私たちコンサルタントがよく用いるのがフレームワークである。フ

3C分析

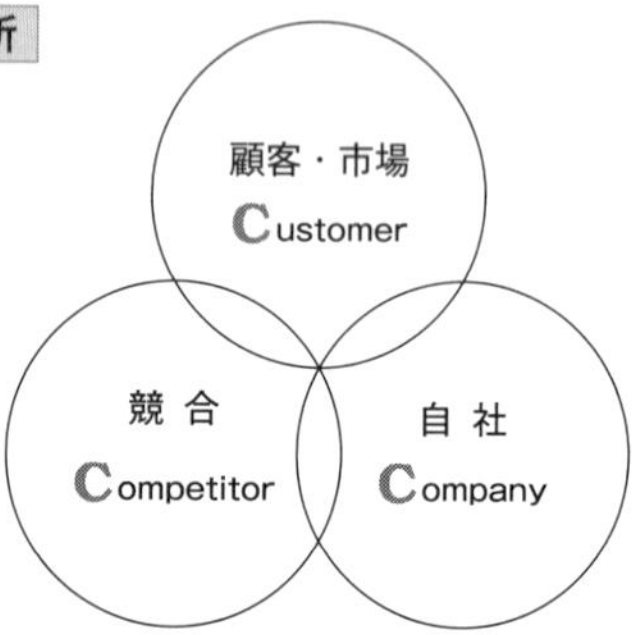

4P分析

AIDMA分析

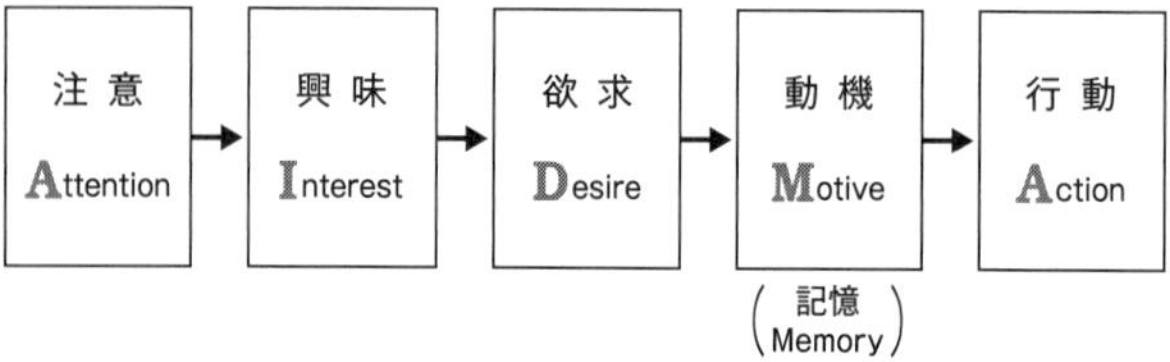

図表2-1

SWOT分析

強 み Strengths	弱 み Weaknesses
機 会 Opportunities	脅 威 Threats

ポジショニング分析

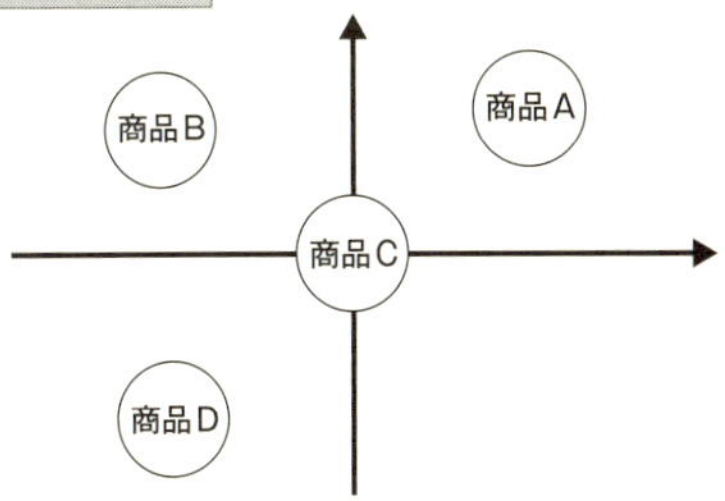

PPM分析

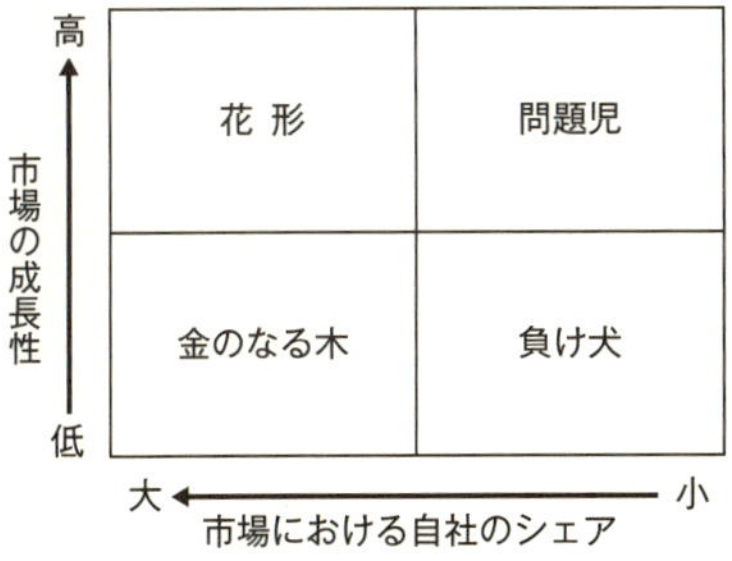

図表2-2

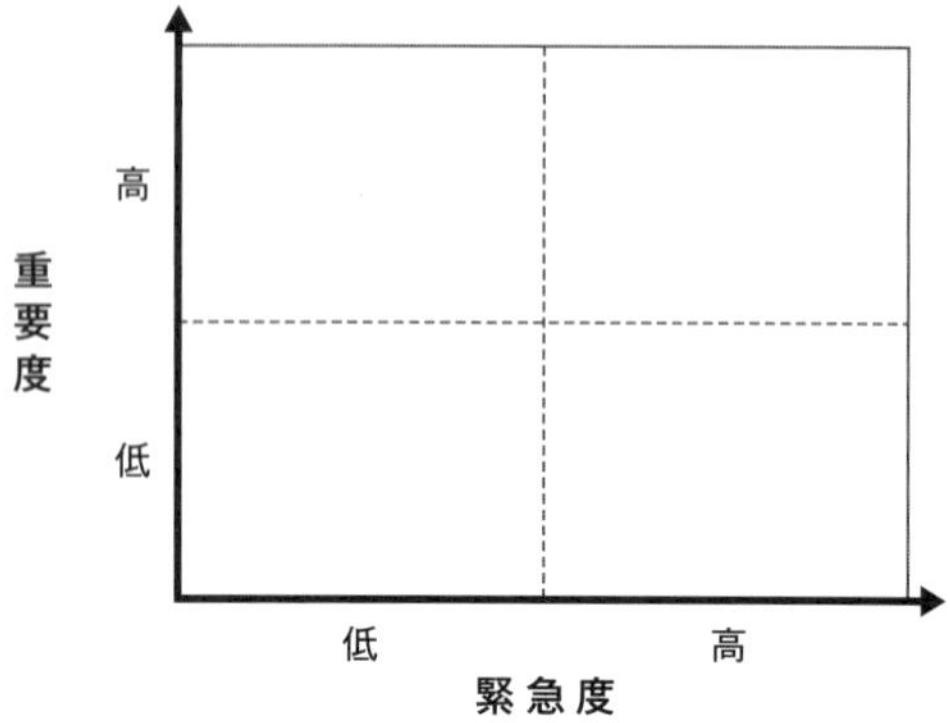

レームワークについては、これまでも『コンサルタントの「現場力」』や『コンサルタントの「質問力」』（どちらもPHPビジネス新書）などの自著でさんざん述べてきたし、読者の中にも「またか」と感じる人が多いだろうが、少しだけお付き合いいただきたい。

コンサルタントがよく使っているフレームワークには、SWOT分析、3C分析、4P分析、ポジショニング分析、PPM分析、AIDMA分析などがある（前ページの図表2―1参照）。

このうちどのフレームワークを用いるかは、どのように問題を整理・分析したいかによって違ってくる。

たとえば、「自社を取り巻く市場環境がどのように変化しているか」という観点で整理したいときには、問題をCustomer（顧客・市場）、Competitor（競合）、Company（自社）に分類して分析する3C分析がオススメだ。

また「これから自分たちが力を入れるべき事業は何か」を探るときには、縦軸に「市場の成長性」、横軸に「市場における自社のシェア」をとり、自分たちが手がけている事業を「花形」「金のなる木」「問題児」「負け犬」の四つのマスにあてはめていくPPM分析が便利だ。

単純だけれども案外使えるのが、縦軸に「重要度」、横軸に「緊急度」を置いたフレームワークである。「重要度が高く、緊急度も高い」「重要度は高いが、緊急度は低い」「重要度は低いが、緊急度は高い」「重要度が低く、緊急度も低い」の四つのマスができあがる。このマスに問題を埋め込んでいけば、今抱えている問題の中でも、まずは何から手をつけるべきなのかを一目瞭然で把握することができるのである（図表2―2参照）。

まずは、現状認識のための情報収集を行い、フレームワークで整理しよう

価値観や想いが「判断軸」になる

フレームワークはかつて、コンサルタントの専売特許であったが、書籍やセミナーを通じて多くの人に知られることとなり、今では一般のビジネスパーソンにも活用されるようになっている。

それ自体は喜ばしいことである。ただし実態を見ると、フレームワークを使いこなせている人と、そうでない人がいるようだ。その大きな理由は、「フレームワークを用いて問題を整理するときには、まず自分自身の価値観や想いを明確にする必要がある」という事実に気づいていない人が多いことである。

たとえば、「重要度」と「緊急度」のフレームワーク。起きている問題を、重要度の高さと緊急度の高さから振り分けていくという単純なものだが、実はこれが意外と難しい。何が重要度が高い問題で、何が緊急度が高い問題であるかを判別するためには、その人の価値観や想いといったものが不可欠になるからだ。

人によって価値観や想いは当然異なる。すると同じ問題について、ある人は「この問題は重要度は高いが緊急度は低い」と判別したのに、違う人はまったく逆の判別をするようなことが起こり得るのだ。またそもそも価値観や想いが曖昧な人は、いざフレームワークにあてはめて物事を整理分類しようとしたときに手が止まってしまうことになる。これは3C分析やSWOT分析など、そのほかのフレームワークについてもまったく同じことがいえる。

フレームワークは、ロジカルシンキングを行うための代表的なツールと見なされている。確かに物事を整理していく手順は非常に論理的だ。しかし「この問題は重要度が高く、緊急度も高い」「重要度が低く、緊急度も低い」といったように、それぞれの枠組みに問題をあてはめていくときには、本人の価値判断が不可欠になるのである。

言い換えれば、私たちはすでに問題整理の時点から、判断軸を持って問題に取り組むことが求められるのである。

自分の価値観や想いが明確でなければ、フレームワークも役に立たない

2 Howの前にミッション、ビジョンから考えるクセをつける

もしも、ユニクロの社員が迷ったら……

そこで次に考えなくてはいけないのが、どうすれば確固たる適切な判断軸を持つことができるかということである。

判断軸が曖昧なままでは、問題を整理することすらおぼつかなくなる。あるときは「重要度が高く、緊急度も高い」と判断した問題を、状況はまったく変わっていないにもかかわらず、その日の夕方には「重要度は高いが、緊急度は低い」と判断するようなことが起きるからだ。つまり判断にブレが生じてしまうのである。

一方いくら確固たる判断軸を持っていたとしても、それが不適切なものであった場合には、やはり間違った判断をしてしまうことになる。

では、どうすればいいのか。

何を判断軸にして判断をすればいいかに迷ったときには、自分が所属している会社が明確なミッションやビジョンを掲げているはずなので、そこに戻ることが重要だ。ただ、その肝心のミッション、ビジョンが抽象的すぎて、曖昧な場合は自らの理解で自らの判断軸をつくっておかなければならない。

個人的な問題について判断をするときには、これまで自分の中で培ってきた信条や信念といったものにいったん戻って、何を判断の軸に据えるべきかを考えることが大切だ。もし、その信条や信念がないなら、自分でつくるか、尊敬すべき人物のものを借りてくるという手段をとるべきだろう。

ミッションとはその組織の存在理由や社会的使命、ビジョンとはその組織の目指すべき方向性やあるべき姿のことをいう。

会社の経営を六段階に分解したものとして、ビジネスヒエラルキーというのがある（次ページの図表２―３参照）。

会社を経営するうえで、最も上位に来るのがミッション（企業理念）であり、そのミッションを実現するために設定されるのがビジョン（目標）である。そしてビジョンを実現するために策定するのが戦略であり、戦略を実行するために立てられるのが計画である。

図表 2-3

ビジネスヒエラルキー

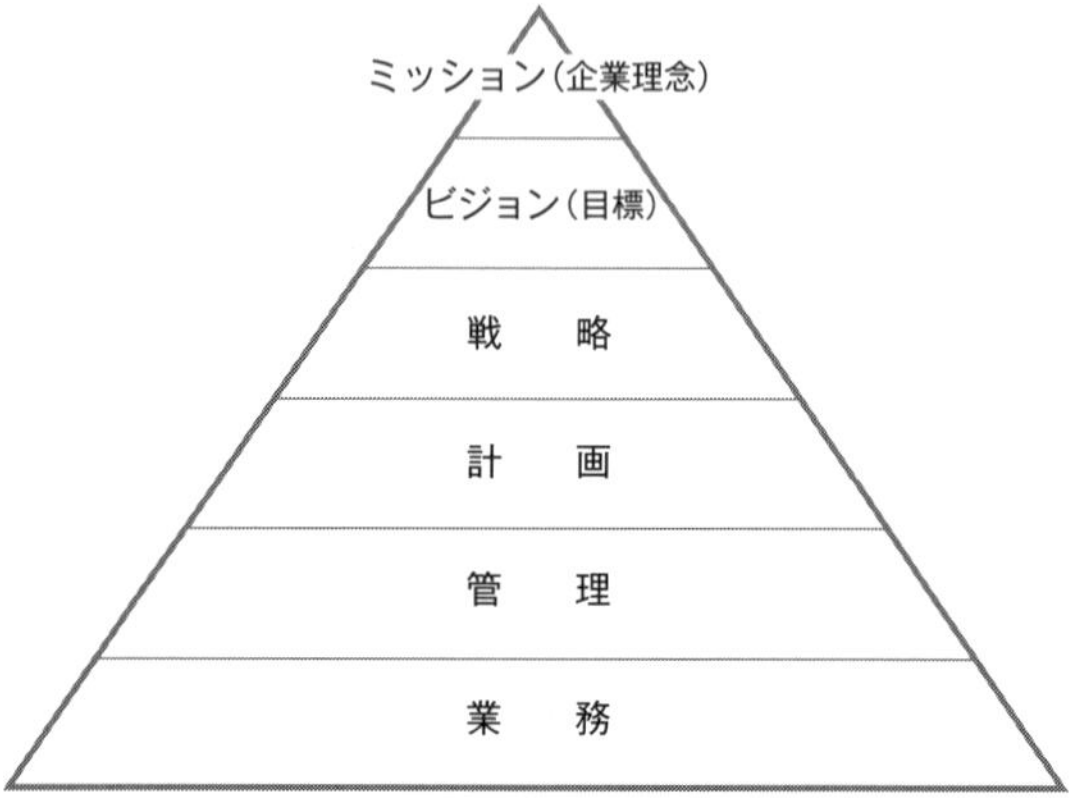

というように、ミッション、ビジョン、戦略、計画、管理、業務が一つになっているとき、会社の経営はうまくいくものである。

判断力や決断力というのは、ビジネスヒエラルキーでいうビジョン設定と戦略策定の部分において、特に必要になる力であると思っているからだ。

もちろん判断や決断は、戦略を実行するためにどのように計画を立てるかとか、計画を滞りなく進めていくためにどのように管理をしていくかといった場面においても必要になるだろうが、最も重要な判断や決断はビジョン設定と戦略策定の場面で行われることが多いのだ。

このビジョン設定と戦略策定の場面で物事を判断するときに、組織が判断軸にするべきなのが、その会社のミッションである。ミッションに照らし合わせてみて、どういうビジョンと戦略を策定するかを考えないと、ミッション、ビジョン、戦略、計画、管理、業務がひとつながりのものにならないからだ。

逆にいえば判断軸の設定に迷ったときには、ミッションに戻れば、自分の中にどのような判断軸を据えればいいかが自ずと見えてくるものなのである。

たとえば、ユニクロが掲げているミッションは以下のようなものだ。

「いつでも、どこでも、だれでも着られる、ファッション性のある高品質なベーシックカジュアルを市場最低価格で継続的に提供する。そのためにローコスト経営に徹して、最短、最安で生産と販売を直結させる。自社に要望される顧客サービスを考え抜き、最高の顧客サービスを実現させる。世界水準の人が喜んで働ける環境を提供し、官僚的でなく、血のかよったチームとして革新的な仕事をする。結果として売上と収益の高い成長を目指し、世界的なカジュアル企業になる」

とてもわかりやすいミッションである。ユニクロの社員は、迷ったときにはこのミッションに戻れば、何を軸に物事を判断すればいいかがすぐにわかるわけだ。

ついでに私自身がつくっている「我が信条」についても紹介しよう。

「人は、『ひとつの人格』を残して、死する。誰でも『生』を受けた時からその人自身の人格の旅は、始まっている。私は、この精霊から預かった私の人格の旅をいつも考え、いつも『主体性』を抱いて『高き志』のなかで『自分のために』『人のために』そして『人々のために』行動している。それは、死する際に預かった私の人格をいかに自分の力で高めることに成功したかで自分の役目を果たせたかどうかを確認するためである」

「自分のため、人のため、人々のために生きる」は、私がとても大切にしている言葉で、座右の銘でもある。だから私は物事の重要な場面では、「それは自分のため、人のため、人々のためになっているか」を判断軸にして判断するようにしているのである。

ミッションや信条・信念をもとにすれば、物事を判断する必要が出てくるたびに判断軸の設定に迷うことがなくなる。「判断軸の設定→判断」のスピードが速くなるし、またブレもなくなるのである。

いきなり事を考える際、行動する際に、方法論のＨｏｗに行く人が意外に多いが、できるだけ、ミッションや信条・信念に立ち返って考え、行動する習慣をつけていただくといい判断軸ができあがる。

判断軸で迷ったときは、原点に戻ればいい

Ｗｈａｔをすっ飛ばして、Ｈｏｗから議論する日本人

だが残念ながら日本の多くの企業のミッション（企業理念）やビジョン（目標）は、漠然としていて腹に落ちてこないものが多い。また単なるお題目になっていて、「ミッション」「ビジョン」「戦略」「計画」「管理」「業務」が曖昧につながっているだけの会社も少なくない。「お客様第一主義」をミッションに掲げながら、実際には顧客から利益をむしり取ることをひたすら考えている企業は、世の中に多い。

個人についても、ミッションや信条など持っていないという人のほうが多いだろう。私たちの会社ではビジネスパーソン向けにさまざまなセミナーを実施しているのだが、リーダーシップ研修のときには必ず「我が信条」を書いてもらうようにしている。ところが「さあ、書いてください」と促しても、はたと手が止まったままの状態になる人が目立つのだ。

ミッションや信条といったものを、これまで考えて生きてこなかったということだろう。そんなときはこちらのほうで「座右の銘は何ですか」とか「尊敬している人物は誰ですか」といったヒントを差し向けると、ようやく思考が動き始めることになる。

「ミッション、ビジョン、信条、信念」などと言われると、何かすごく特別なことを考えなくてはいけないように感じるかもしれないが、そんなことはない。要は「どうしたいのか」「どうなりたいのか」をしっかり考えましょう、というだけのことだからだ。

私たちが物事に取り組むときには、本来であればまず「何をやりたいか」（Ｗｈａｔ）を考え、次に「それをどうやるか」（Ｈｏｗ）を考えるという順番になる。

ところが日本人はＷｈａｔから考えるという習慣が身についておらず、Ｗｈａｔをすっ飛ばしてＨｏｗから考えてしまう傾向がある。海外への事業展開の例でいえば、「アジア市場においてどのような存在感を示す企業になりたいのか」（Ｗｈａｔ）を議論することなく、いきなり「アジア市場で売上や利益を確保するためにはどうすればいいか」（Ｈｏｗ）から議論を始めるわけだ。ミッションやビジョンを持つことなく、対策ばかりを追求してしまうのだ。

政治家からしてそうである。消費税や社会保障費をどうするかといったＨｏｗばかりを議論している。本来ならば「この国をどうしたいのか」というＷｈａｔがあったうえで、「それを実現するためにどうするか」というＨｏｗの話になるはずなのに、Ｗｈａｔが抜けているのだ。

日本の首相の中で、「日本国をどうしたいのか」というビジョンをありありと語れる人は、ここ最近まったくといっていいほど出ていない。語るとしても「友愛」といった抽象的なキャッチフレーズのレベルに留まっている。「明確なビジョンを語れない人にリーダーとしての資格はない」のだ。

「何をしたいのか」「どうありたいか」を決めた後で、方法を考えよう

「右へならえ」の時代の終わり

日本人がなぜこうなってしまったのかについてはいろいろと理由は考えられるが、私は「これまで長い間、Ｗｈａｔを考える必要がなかったから」というのが大きいのではないかと思う。

明治維新以降、日本は欧米の科学技術力にキャッチアップすることが一番の課題だった。Ｗｈａｔ（＝欧米に追いつくこと）はあまりにも明確だったので、いちいちＷｈａｔを考える必要がなく、Ｈｏｗだけに専念していればよかったのである。

また先進国の仲間入りをしてからも、しばらくは経済の成長期や安定期が続いていたので、「右にならえ」で同業他社と同じことをやっていれば、それなりの成長は約束されていた。だからやはりＷｈａｔを考える必要はなかったのである。

しかしだ……もはや時代はすっかり変わっている。突然、ある産業が死を迎えたり、突然、市場の単価が半減したりする。Ｈｏｗでは追いつかない時代なのだ。自らが、Ｗｈａｔをどうするかから始めないと突然死を迎えてしまう時代に突入している。

Ｗｈａｔが抜けていると、確固たる判断軸を自分の中に持つことができなくなるために、判断が場当たり的になってしまう。

わかりやすいのが、半導体競争で韓国企業に惨敗した例である。

一九九〇年代半ば、マイクロソフト社がウィンドウズ95を発売したとき、これからはパーソナルコンピュータの時代になると判断した韓国企業は、その分野に狙いを定め、半導体の開発に注力した。そして市場において圧倒的なシェアを取るために、不況のときも大型投資の手を緩めなかった。

ひと言でいえば、韓国企業には「将来こうなりたい」というＷｈａｔがあった。Ｗｈａｔが明確であったからこそ、不況期の苦しい時期でもＨｏｗをブレることなく押し通すことができた。

一方、日本企業はというと、八〇年代半ばには大型コンピュータ向けの半導体製造で世界一の生産量を誇り、我が世の春を謳歌していた。だが九〇年代以降、大型コンピュータ向けからパソコン向けへの方向転換が遅れただけではなく、不況のときには韓国企業とは正反対に、生産過多による価格の下落を避けるために投資や生産を絞り込んでしまった。その後慌てて投資を再開するが、韓国企業の背中はすでに見えなくなっていた。こうして日本企業は新たな時代の動きに乗り遅れ、シェアを落とし、さらには新製品の開発技術力においても韓国企業の後塵を拝することになったのである。

なぜ日本企業は経営判断を誤ったのだろうか。大局的な視点に立って産業の将来を見渡したうえで、「これからの半導体市場においてどのようなポジショニングを得たいか」というＷｈａｔを持つことができなかったからである。だから確固たる判断軸を設定することができず、場当たり的な判断に終始することになってしまったのである。その結果が、二〇一二年初頭のエルピーダメモリの破綻であるといえる。

Whatがないと初動が遅れる。初動が遅れればライバルに負ける

悩む人は判断軸がない人、考える人は判断軸がある人

世の中には、ある問題を前にして「悩む人」と「考える人」がいる。

今の会社で仕事に行き詰まり、転職を検討している人がいたとする。転職にはメリットが期待できると同時に、当然リスクもつきまとう。

悩む人は、メリットとデメリットの両方が気になって、いつまでたっても判断を下すことができない。「あの会社に転職すれば高い報酬が期待できるけど、でも実力主義の社風が自分には合わないかもなあ」とか「確かにやりたいことはできそうだけど、海外勤務の可能性があるんだよな。小さな子どもを残して一人だけ海外に行くのはイヤだな」といったように、いろいろなことが頭の中にもやもやと浮かんできて、文字どおり悩んでばかりになるのだ。

一方、考える人は、メリットもデメリットも考慮したうえで、自分にとってベストの判断をすることができる。なぜなら考える人は、まず最初に「自分は転職することによってどうなりたいのか」というＷｈａｔを考えるという習慣が身についているからである。「四十歳になったときにマーケティングのプロになっていたい」といったように、Ｗｈａｔがはっきりすれば、転職先を選ぶ際の判断軸も明確になる。

実際に転職活動を始めてからも、年収や知名度といった、その人にとっては本質的ではないメリットやデメリットに心を惑わされる可能性もなくなる。

「悩む人と考える人、どちらになりたいですか」と聞かれたら、誰もが「考える人」と答えることだろう。考える人になりたければ、Ｗｈａｔから考えることを習慣づけてほしい。そして自分は仕事や人生において「どうなりたいのか」「どうしたいのか」というミッション、ビジョンをはっきりと自分の中に持つことを心がけてほしい。

それが確固たる判断軸を確立するための条件となる。

判断軸があれば、リスクも明確になる

3 不適切思考が判断を誤らせる

スターリンの願望

私たちが物事を正しく判断するためには、情報の量と質が問われることになる。

よく上司が部下に対して口にする、「よい情報だけではなくて、悪い情報についても、躊躇せずにすぐに報告しなさい」という言葉。契約に失敗したとか、クレームが発生したといった悪い情報については、部下はできる限り隠したがるものだ。しかしだからといってよい情報しか報告されないようになると、情報の質に偏りが生じて、上司は正しい判断ができなくなってしまう。そのため、上司は口を酸っぱくしてこの言葉を言う必要があるのだ。

ただし、どんなにバランスよく情報が入ってきたとしても、人はしばしばその情報にバイアスをかけて受け取ってしまうことがある。

カエサルは「人は見たいものしか見ない」と言ったが、その典型例がソ連の最高指導者だったヨシフ・スターリンである。第二次世界大戦のとき、スターリンのもとには「まもなくドイツが独ソ不可侵条約を破ってソ連に侵入してくる」という情報が事前にスパイからもたらされていた。だが当時ソ連はドイツと戦う準備ができていなかったため、スターリンはこれを誤情報であるとひたすら信じ込もうとした。

しかしスパイからの情報は正しかった。一九四一年六月二十二日、突如ドイツ軍は国境を越えてソ連国内に侵攻してきた。スターリンが情報を握り潰したために迎撃態勢が整っていなかったソ連は、独ソ戦の序盤において、あわやクレムリン陥落かというほどの圧倒的な劣勢に立たされることになったのである。

受け取った情報は正確であったが、「ドイツがソ連に攻めてくるわけがない、攻めてほしくない」というスターリンの願望や期待や思い込みが判断を誤らせたのだ。

「見たくないものを見ることができること」が勝負のカギを握る

自分の思考～判断のクセを掴んでおく

人にはそれぞれ思考～判断のクセというものがある。まったく同じ情報に接したり、同じ出来事が起きたとしても、それをやたら悲観的に考える人もいれば、何が起きても楽観的にしか捉えない人もいる。

この思考～判断のクセも、情報にバイアスをかける要因の一つとなる。

ちなみに私はといえば、本質的には楽観的な人間である。緻密に仮説検証したがるが、いざというときには、「ま～しゃ～ないわな」「なるようにしかならん」という覚悟というか、悟りというか、そういう境地になることがある。

しかし、経営者であれば、「なるようにしかならん」ではいけない。「ならんようでもなるようにしなければならない」からだ。

かといって、これまでの習慣だからといって、市場が三〇％ダウンしているのに、売上目標を三〇％アップさせるのもどうかしている。もちろん、そのストレッチの目標が活きる組織もある。が、ここ数年、目標未達としてマイナス三〇％レベルが続いているなら発想を変えなければならないのだ。思考～判断には、クセがある。そのクセを自己認識しておく必要があるのだ。

心理療法の一つである認知療法では、認知の歪み（モノの見方の歪み）によって生み出された自己や社会に対する否定的な思考のことを「不適切な思考」と呼んでいる。そして医師やカウンセラーがクライアント（来談者）と協力しながら、この「不適切な思考」を「合理的思考」で打ち消すことによって、認知～判断の歪みを改善しようとする。

認知療法はうつ病の患者さんを中心に行われているカウンセリングの手法である。ただし私たちもカウンセリングを受けるほどではないかもしれないが、多かれ少なかれ認知の歪みを持っているものである。

大切なのは、自分の思考～判断のクセを掴んでおくことだ。

たとえば、「俺は年下の人間が何か偉そうにモノを言い始めると、腹が立って話を聞かなくなるクセがあるんだよな」という人がいたとする。こういう人は、部下や後輩が優れた意見やアイデア、指摘をしたときに、「若造が何を言っているんだ」と心を閉ざしてしまう可能性が高いわけだ。

だからこそ自分の思考の歪みを自覚したうえで、「まずいまずい、今俺は部下の言葉に聞く耳を持たない状態になっているぞ。ちゃんと耳を傾けなくては」と修正作業をすることが大切になるのだ。

自分の思考〜判断の「クセ」に気づき、修正することを心がけよう

判断の大敵「認知の歪み」

ここでは認知療法の分野において、認知の歪みと見なされているいくつかの代表的なパターンを紹介しておこう。「これって自分にもあてはまるな」と思いあたる節があったら、ぜひ心に留めておいてほしい。

〈過度の一般化〉

過度の一般化とは、ごくわずかな経験を一般的な法則に置き換えてしまうような思考をいう。たった一度フラレただけで、「僕は女性から愛されるような人間ではないんだ」と考えてしまったり、たった一度大企業に営業を断られただけで、「大手企業の連中が、うちみたいな中小企業を相手にしてくれるわけがない」と決めつけてしまうような思考が過

度の一般化である。

〈二分法思考〉

「イエスかノーか」「善か悪か」といった二者択一で物事を捉える思考である。二分法思考が強い人は、「この仕事は完璧にこなさなければ、そもそも取り組む意味はない」とか、「彼は自分の味方ではないのなら敵だ」といった思考に陥りがちである。

「まずは六〇点くらい取れればＯＫ」とか「彼は味方でもないし敵でもないけど、細く長く付き合っていこう」という発想ができないのである。

〈選択的抽象化〉

入ってくる情報にフィルターをかけてしまっている状態のことである。いわゆる色メガネというやつである。たとえば、新卒の部下が東京大学出身者というだけで、「きっと頭でっかちの理屈屋に違いない」というイメージが自分の中にできあがり、そのイメージを補強する情報だけを選択的に取り入れ、イメージに反する情報を選択的に捨ててしまうような思考のことをいう。

〈過大評価と過小評価〉

認知療法では、自分の失敗や欠点を実際より大きく感じてしまい、逆に成功したことや長所を実際より小さく評価してしまう状態のことをいうが、ビジネスの現場でも同様なことを考える人がいる。

他者の失敗を過大に指摘し、反対に成功を過小に評価してしまう人もいる。こういう人物は、部下や同僚の成功を素直に評価することができない人になってしまう。

〈飛躍的推論〉

十分な根拠がないままに、「あの課長は私のことを嫌っているに違いない」「新しい職場でも、きっと私は孤立するに違いない」といった悲観的な推論を出してしまうことをいう。周りの人間から見れば、「なんでその論拠で、その結論が出てくるの?」と思われてしまうくらいに論理が飛躍しているのだが、本人はその推論を信じ込んでいる。

〈すべき思考〉

すべき思考とは文字どおり「〜すべきである」「〜しなければならない」という考えに

とらわれている状態のことをいう。すべき思考に陥っている人は、「そもそもなんでそれをしなければいけないのだろうか」とか「本当にそれは自分がしたいことなんだろうか」といったように、一度ゼロベースに戻って自分を省みることができない。

すべき思考に陥っている上司の下についた部下は不幸である。部下は上司の「〜しなければならない」という指示に理由もよくわからないままに追い立てられ、チームはすっかり疲弊してしまうだろう。

どうだろうか。それほど強度なものではないとしても、「確かに自分は選択的抽象化の傾向が強いな」とか「すべき思考に陥りがちだな」というように、思いあたる人もいるのではないだろうか。

自分だけでなく、相手の「認知の歪み」にも注意しよう

「あっ、自分は腹を立てているな」

認知の歪みが起きていると、判断軸の設定も判断自体も歪んだものになってしまう。ただ難しいのは、本人は自分自身の認知の歪みになかなか気がつかないことである。

「あっ、自分は腹を立てているな」とか「ちょっと余裕がなくなっているぞ」というように、「自分の認知」を認知することをメタ認知という。メタ認知ができる人は、認知のバランスに偏りが生じているときにすぐにこれを修正することができる。

だがメタ認知は、普段からこれを意識的にやっておかないとなかなか身につかない。ちなみに私は「幽体離脱」と名づけて、ちょうど意識が肉体を離れて天井から寝ている自分を見るように、自分が置かれている状況やそのときの思考を客観的に見るという訓練を若いときから続けている。コンサルティングをしていると、「待てよ、本当にこれでいいのか」と思える場面に数多く遭遇するからだ。

思い込みや固定観念のことを心理学の用語で「ビリーフ」という。たとえば営業マンが、何もしないうちから「どうせ飛び込みでアポを取ったって、医者は忙しいんだから会ってくれるわけがないよ」と決めつけている状態はビリーフである。ところがビリーフがない営業マンが飛び込みをしてみると、案外簡単に医者に会えたりする。ビリーフが判断を誤らせ、行動を妨げているのである。

コンサルタントは、案件に対する「思い入れ」は大切だが、「思い込み」は禁物だ。間違った思い込みのもとに判断軸を設定すると、間違った判断をすることになる。そして、コンサルタントが間違った判断をすることは、クライアントを間違った決断に導くことになる。

自分の思考が凝り固まっていると感じるときほど、「待てよ、本当にこれでいいのか」と一呼吸おくために、自分で自分にツッコミを入れるようにしないといけない。自分自身の認知の歪みに気づき、これを修正するうえで、自分ツッコミは非常に有効な手段である。

また他者からの評価を利用するというのもオススメだ。認知の歪みが生じているときには、周りの人間からは「なんでそういう結論になるのかな」「そういう決めつけ方をするのかな」と思われているものである。そこで「私の考え方って妥当かな?」「偏っていないかな?」と何人かに聞いてみるわけである。

「それって物事を決めつけすぎているんじゃないかな」とか「発想が極端だよね」といった指摘を何人もの人から受けるようであれば、認知が歪んでいる可能性が大である。

繰り返すが、思い入れは大切だ。だが思い込みは禁物である。

「幽体離脱」して、自分にツッコミを入れてみよう

4 大局観を培うことで、判断力は磨かれる

なぜ家康は、パラダイムを転換できたのか

織田信長、豊臣秀吉、徳川家康。この三人の武将のうち、最も優れた判断力を持っていたのは誰だろうか。

私は徳川家康だと思う。

家康がすごいのは、戦国武将から統治者への転身が見事だったところである。関ヶ原の戦いで石田三成に勝利し、征夷大将軍に任じられた家康が、次なる目標として設定したのは徳川政権の絶対的な安定化を実現することだった。政権安定は、単に徳川のためだけではなかった。日本の国全体から戦をなくし、天下太平の世を継続させるという大義があった。

室町時代に政権を担っていた足利家は、非常に地盤が脆弱だった。六代将軍足利義教

は、将軍の権力強化を強引にはかろうとしたため、守護大名の赤松満祐に殺された。また足利義昭は織田信長に十五代将軍として担ぎ出されたあげく、信長の意に義昭が従わないと見なされると京都追放の憂き目にあい、幕府自体を滅ぼされてしまった。

その理由は、足利家と比較して諸大名の力が強すぎたからである。

そこで家康は、大名たちが徳川家に反旗を翻さないように、彼らの弱体化をはかった。一六一五年、大坂夏の陣で豊臣家を滅ぼしたわずか二カ月後に武家諸法度を制定。新たな城づくりの禁止や、大名が幕府の許可なく勝手に婚姻を結ぶことなどを禁じた。

また徳川家にとって脅威の対象であった島津家や毛利家、前田家といった大大名は幕府の政治には参加させず、せいぜい五万石程度の譜代大名が、老中や若年寄といった幕府の重職に就いた。これは島津や毛利に政治の実権を握らせないためである。

また、石見銀山や佐渡金山といった銀山や金山を幕府の直轄地とすることで、徳川家の財力を飛躍的に高めていった。

ユニークなのは、三代将軍の座を巡って家光と忠長の間で後継者争いが起きそうになったときに、家康が「長幼の序」を理由に家光を後継者に指名したことである。

戦国時代、大名は生き抜くことが何より重要であったから、長幼の序に関係なく、優れた統率力や戦略策定能力、戦略遂行能力がある人物に家督を継がせた。しかし平和な社会においては、実力主義で後継者を選ぶことは、かえって家督相続を巡ってお家騒動を招きかねないというリスクがある。

そこで家康は「後継ぎは長幼の序で決める」という判断軸を定めたのである。逸材であろうが凡庸であろうが、長幼の序に則り、年長の人物が将軍となる。仮にバカ殿様が将軍の座に就くことになっても、老中や若年寄がしっかり補佐してくれる。そういうシステムを築いたのだ。

ひと言でいえば家康には、大局を掴みながら物事を判断し、決断する力があったのだ。家康は自分のもとに天下が訪れるまでは、戦国時代のパラダイムの中で生きていた。だが関ヶ原の戦いの勝利によって権力を掌握するとともに、社会の体制を次の時代に合ったものに変えるために、自らパラダイムシフトを成し遂げていったのである。

一方、残念ながら豊臣秀吉には大局を掴む力がなかった。晩年の秀吉が行ったことといえば、朝鮮出兵である。武力によって領土を拡大していくことは、自分の地位を危うくさせる……そのことに気づいていなかったのである。彼は戦国時代の論理から抜け出すことができなかったのである。

つまり家康と秀吉の判断力の差とは、大局を掴む力の差であったといえる。

秀吉は天下統一を成し遂げたものの、次の時代にどのような社会システムが必要であるかというビジョンを描くことができなかった。

ちなみに信長には大局を掴む力があったか……この判断はちょっと難しい。なぜなら天下統一を実現する前に死んでしまったからだ。

そういうわけで信長に関しては評価を保留にさせていただくとしても、少なくとも秀吉と家康とでは、断然家康のほうが優れた判断力を備えていたと思う。

大局観があれば、優れたビジョンと戦略が生まれ、世の中の仕組み・ルールを変えることができる

羽生善治氏ならこう考える

先ほど「大局を掴む」という言葉を使った。判断力を磨くうえで、大局を掴む力、すなわち大局観を身につけていることはものすごく重要である。

大局観とは『大辞泉』によれば、「物事の全体的な状況や成り行きに対する見方・判断」のことである。

また棋士の羽生善治氏は『大局観』(角川書店)の中で次のように述べている。

「読み」とは、ロジカルに考えて判断を積み上げ、戦略を見つける作業のことだ。将棋では、自分がこう指すと相手がああ指す、そこで自分はこう指すと、次の手、またその次の手を、順を追って考えていくことで結果の可能性を探る。

一方、「大局観」とは、具体的な手順を考えるのではなく、文字通り、大局に立って考えることだ。パッとその局面を見て、今の状況はどうか、どうするべきかを判断する。「ここは攻めるべきか」「守るべきか」「長い勝負にした方が得か」などの方針は、「大局観」から生まれる。複雑な状況で決断を下す時は、この「大局観」で無駄な「読み」を省略でき、正確性が高まり思考が速くなる。

大局観とは、サッカー選手がフィールドの中でプレーをしながら、同時にフィールドを俯瞰する視点で、味方選手と敵選手のポジショニングをイメージする力のようなものだ。

場を俯瞰するだけではない。「ゲームの流れ、主導権がどちらに来ているか」を判断するために、時間を俯瞰することも大局観である。そして空間を俯瞰、あるいは時間を俯瞰しながら、取るべき次の一手を判断できるのが大局観なのである。

羽生氏がデビューから二十年以上たった今も、トップ棋士であり続けることができているのは、大局観を磨いてきたからである。また徳川家康も戦場での百戦錬磨の経験や、信長や秀吉との政治的駆け引きの中から、大局観を高めていったのだろう。

なぜ大局観が大切なのかといえば、大局は常に変化しているからである。ある局面で適切であった判断が、次の局面でも適切であるとは限らない。だから局面がどのように変化しているかを掴む力＝大局観が重要になるのだ。

では、どうすれば大局観を身につけることができるかというと、残念ながら即効薬はない。「今、大局はどうなっているんだろう、どうなっていくんだろう」と常に意識しながら物事を判断、決断することを繰り返す中でしか大局観は磨かれないのである。

コンサルティング・スキル、ビジネス・スキルでは、シナリオプランニングのスキルが、この大局観を磨くスキルとしては近いだろう。単なる市場予測ではなく、不連続の変化も織り込んだ、大きな判断をシナリオの前提に描く手法である。ただ、これは実際にはかなりの経験がないと使いこなせないのが現実である。

羽生氏も『大局観』の中で、大局観の多くは経験から培われるものだと述べている。だから若いうちは経験がないので、がむしゃらに読み込む力（＝ロジカルに考えて判断を積み上げる力）をよりどころにして勝負するしかない。だがやがて経験を積むうちに、大局観の精度は上がっていく。

「がむしゃらに読み込む力は、年齢が若い棋士が上だが、熟年になると、この『大局観』で逆に『読まない心境』となり、勝負の上で若い棋士とも互角に闘える」（羽生善治『大局観』より）

ともあれ若いうちは、大局を意識しながら判断・決断を繰り返すという経験を積んでいくしかないだろう。

現場でプレーしながらも、全体を眺める「クセ」を持とう

任天堂は、まず一手打つ

大局が掴めないときには、なんでもいいからまず一手打ってみることが大切。

唐突だが、私の大嫌いな言葉に「自分探し」というのがある。こういう言葉を耳にすると、「自分なんかいくら探したって見つかりっこないから、とにかく行動してみろよ」と言いたくなるのだ。

彼ら彼女らが誤解しているのは、自分の内面を奥深くまで探っていけば、本当の自分、本質的な自分に出会えるのではないか、と考えていることだ。だが自己の内面の中に、本質なんてものは存在しない。実存主義を唱えた哲学者のジャン＝ポール・サルトルが言うように、「実存は本質に先立つ」からである。今、そこにあるものが本質であるからだ。

自分がやりたいこと、やるべきことを見つけたいのなら、目的を持ってまずは、自己をアンガージュ（未来に向かって自己を投げ企てていく）することである。つまり行動することだ。そのうえで、自分にとって意味のあるもの、価値のあるものを掴むことができるものなのである。サルトルのパートナーであり盟友でもあったシモーヌ・ド・ボーヴォワールの言葉を借りれば、「人は女に生まれるのではない、女になる」のである。

だから「大局を掴むときも、実存主義でいこう」と言いたい。いくら考えてもどうしても大局が思い描けないときは、それ以上考えてもしかたがない。ともかく一手打ってみるのである。すると大局が一気に見えてくることがあるからだ。

この実存主義を地で行っているのが、任天堂である。

任天堂は戦後、花札やトランプを製造する会社として成長を遂げていた。だが山内溥社長（当時）は、一九五八年にアメリカ最大手のトランプ会社（The United States Playing Card Company）を訪ねたときに、その規模があまりに小さかったことから、「カードゲームの製造だけでは、うちの会社にも未来はない」と考えるようになった。

そこから山内社長は、あきれるぐらいにさまざまな事業に手を出していった。ざっとあげてみるだけでも、ベビーカー、タクシー、ラブホテル、家庭用コピー機、二人で遊べるフラフープ、インスタントラーメンにインスタントライス……。ただし残念ながらことごとく失敗している。

だが一九八〇年に携帯型ゲーム機「ゲーム&ウォッチ」を発売したところ、国内だけで一三〇〇万台を記録する大ヒット商品となった。さらに一九八三年に発売した「ファミリーコンピュータ」は、社会現象となる大ブームを巻き起こした。任天堂はさまざまな試行錯誤の果てに、ようやく家庭用ゲーム機をカードゲームに替わる新たな事業の軸に据えることができたのである。

つまり任天堂は、最初から家庭用ゲーム機会社になろうとしていたわけではない。ともかく一手一手打ち続けているうちに、家庭用ゲーム機に出会ったのである。ボーヴォワール風にいえば、「任天堂は家庭用ゲーム機会社として生まれたのではない。家庭用ゲーム機会社になった」のである。

もちろん「任天堂ってもともとは花札やトランプの会社だろう。それがなんでタクシー？　ラブホテル？　インスタントライス？」とツッコミを入れたくなる面は多々あるのだが、評価するべき点は「先が見えないとき、大局が掴めていないときに、ともかく一手打ってみる」という精神が根づいていることだ。

その精神は、世界を代表するゲーム機会社になってからも変わらない。

任天堂はゲーム機についても、常に過去の延長線上ではない新たなチャレンジを続けている。そのため「ファミリーコンピュータ」「スーパーファミコン」「ゲームボーイ」「Ｗｉｉ」などで成功をおさめている一方、「コンピュータＴＶゲーム」「バーチャルボーイ」「ＮＩＮＴＥＮＤＯ64」「ニンテンドーゲームキューブ」、そして最近では「ニンテンドー３Ｄ

S」などの失敗作も数多く世に出している。

そこに鉱脈が眠っているかどうかは、掘ってみないとわからないものだ。

たとえば「Ｗｉｉ」の成功は、ゲーム機がどんどん高度・複雑化し、コアユーザーを除いてゲーム離れが進んでいた中で、「家族で楽しめるゲーム機」という新しいコンセプトを打ち出したところにある。従来ゲーム機のユーザーは若年層の男性だったが、女性や中高年のユーザーも新たに取り込むことができたのである。

しかしこれも任天堂が一手打ったから、「家族で楽しめるゲーム機があれば、女性や中高年でも購入する」という新たな大局が見えてきたのである。任天堂が「Ｗｉｉ」を発売するまでは、誰もそんなところに顧客のウォンツが眠っているとは思わなかった。

今、その任天堂が苦しんでいる。ネットワークゲーム（モバゲーやＧＲＥＥなど）にその市場〜戦場を奪われてきている。スマホの急展開伸張も大きな要因だろう。

任天堂は、大局観を見直す必要がある。そして、これまでやってきた、「まずは、一手を打ってみる」ことをぜひとも任天堂らしくやってほしい。たとえ、失敗してもまた這い上がればいい。

市場の成熟の時代には、この「一手打つ」ということに躊躇する企業が少なくない。失敗をしたときの出血が怖いからだ。だから過去の成功体験の延長線上で無難な道を選ぶことになる。すでに過去とは局面は変わっているかもしれないのにもかかわらず。だから本来ならば手詰まり感があるときこそ、一手を打つことが重要になるのだ。

これは先ほど述べた「若者の自分探し」にしたってそうである。悩んでいる暇があったらまず動く。働いてみる。すると「なるほど、社会というのはこういうものなのか」「仕事とはこういうものなのか」という大局の一部が見えてくる。

そして羽生氏がいうように、そうやって経験を積むうちに次第に大局観が培われていくのである。

悩まずに、まず行動する。その結果、見えてくるものが必ずある

5 判断力を進化させる

頼りになる「直観」という武器

情報を収集し、原因を分析し、解決案となる答えを導き出すために、一番大切なことは何かといえば、ロジカルに物事を考えていくことである。そのためにフレームワークを使って問題を整理することや、ミッションに戻って判断軸を設定することの大切さについて述べてきた。

だがロジカルシンキングができれば、何事も適切に判断できるかというと、実はそんなに簡単なものではない。

判断、決断を要するような問題は、これまで自分が経験してこなかったこと、場合によっては誰も経験していないようなことが多いからだ。

たとえば司法試験に合格するためにどんな勉強法が必要であるかといった判断であれ

ば、書店に行けば司法試験関連の書籍はたくさんあるし、司法試験対策講座も数多く解説されている。豊富な情報をもとにロジカルな手続きを踏んで、自分のレベルに合った勉強法を判断するのはいくらでも可能だ。ただし、狭き門ではあるが……。

しかし、これまで誰もやってこなかったまったく新しいプロジェクトを手がけようとする際に、それがうまくいくかどうかをロジカルシンキングだけで判断するのは難しい。いくらマーケティングを重ねて情報収集をしたとしても、第1章でも述べたように欠けたピースが必ず出てくるものだからだ。するとロジカルシンキングだけでは、データ不足のため判断できないということになる。

この欠けたピースを埋めるために必要になるのが、直観力である。

経営力に優れた宅急便の生み・育ての親の小倉昌男氏、ダントツ経営でグローバル展開に成功したコマツの坂根正弘氏、かんてんぱぱ・年輪経営で特徴ある経営を実現してきた伊那食品工業の塚越寛氏などはロジカルシンキングが基本にはあったにせよ、なんといっても事業展開への直観力がずば抜けていた。

基本は、事実へのこだわり・判断軸の卓越さ・人を慮る判断力などによるものだが、ほかの人から観るとそれは、なんて「直観」が鋭敏なんだろう、なんという「直観力」がある人なのだろう、というふうに見えるものだ。

直観は、ロジカルシンキングを超えたところにあるように思える。が、その基本は、強烈なロジカルシンキング力が基盤になっている。そして、ロジカルシンキングの世界を超えて、多くの情報収集、情報を整理する軸づくりの速さ、鋭い分析、価値あるコンセプト開発、周りを巻き込む説得・納得感が、「直観」となって昇華するのだ。

論理的には説明がつかない――それが「直観」という魔法である（しかし、基盤は超ロジカルシンキングである）

新しいぶどう酒には、新しい革袋を

『大辞泉』では直観を次のように定義している。

「哲学で、推理を用いず、直接に対象をとらえること。また、その認識能力。直覚」

つまり直観力とは、論理的な手続きを踏まずに本質を掴み出す力である。

「そんなことが可能なのか」と思われるかもしれないが、先述のようにその前に、実は論理の世界を猛スピードで通っているのだ。優れたコンサルタントは、問題の真因を直観で掴み取ることのほうが多い。ただしクライアントに説明する際に「御社が抱えている問題の真因は××です。私の直観がそう言っています」では説得力がない。フレームワーク等を使ってロジカルに説明するわけだ。いきなり天から降ってくるのではなく、基本に論理の世界があって、それを瞬時に感じとって、論理～ロジカルシンキングを超えた直観になるのだ。

物事の本質を直観的に掴み取る思考のことをコンセプト思考と呼んでいる。ここでいうコンセプトとは「概念」ではなく、まさしく「本質」という意味だ。

だが、なかなか本質までたどり着くのは難しい。

そこでコンサルタントは考えた。思考法でなんとか本質に近づけないかと。それが、オプション思考とゼロベース思考だ。オプション思考とは、仮説を複数案出して、それをメンバーで徹底的に議論することで、最も本質に近い答えを見つけ出していくというものだ。

物事を判断するときには、欠けたピースがあるとはいえ、それでも一定の情報は入手できているはずである。そこで手持ちのピースをもとに、「新規プロジェクトの進め方はA案で進めていくのがいい」「B案がいい」「C案がいい」というふうに、三つ程度（もちろん三つ以上でもいい）の案を作成して、どれが最も判断として適切であるかを検討していくのである。

ここで大切になるのは、本命や対抗やダークホースをつくらないことだ。作成したすべての案が、最初の段階では甲乙つけがたいほどの本命案でなくてはいけない。

案を作成したら、これをベースに議論を開始する。「私はA案だと思う。なぜなら〜」というように意見と論拠を述べていく。それに対してほかのメンバーも、「具体的にはそれはどういうことか？」「つまりそれはどういうことか？」と、発言に対してさらにツッコミを入れていく。こうして議論を尽くしていくうちに、どれが最も本質に近い案であるかが、次第に見えてくるというものだ。これがオプション思考である。

このオプション思考をハイスピードで回せるとそれは、「直観」に近づく。三つ言わない。一つだけ。でも、実は裏に、捨てた案が二つあるのだ。それが、直観力に見える。

また、いくら議論を続けても、いつまでたっても本質に近づいている感じがせず、「どうもこの三つの案の中に、本質的な答えはないんじゃないか」「この延長線上に答えはないんじゃないか」と思えるときがある。

「新しいぶどう酒は新しい革袋に入れるものだ」という言葉が『聖書』にあるが、私たちは未知の事態に直面したときに、しばしばそれを古いパラダイムを使って解釈しようとする。十九世紀後半、印象派の画家のドガやモネたちによって第一回印象派展が開かれたが、新聞記者たちは「なるほど、印象的なほどの下手くそだ」と彼らの絵を揶揄した。印象派の登場という未知の事態を、古いパラダイムを用いて解釈した結果である。パラダイムが現実に即したものでなければ、本当の答えは見つからないのだ。

それでは、新しいもの、未知なるものに出会ったときにどうすればいいのか。そんなときに必要となるのがゼロベース思考である。

ゼロベース思考は、「自分の思考の枠組みがすでに古いものではないか」「常識や固定観念に縛られていないか」と疑ってみることをいう。そして一度ゼロベースに戻って、思考を組み立て直してみる。

『聖書』でいえば、「新しいぶどう酒を入れるのに、ふさわしい革袋はどんなものか」を考えてみる。印象派の絵画でいえば、「なぜ彼らは写実主義から離脱したのか。そこにはどんな時代背景、思想があったのか」と考えてみるわけだ。こうして新しい事態に合った、新しいパラダイムを探りあてていくわけだ。

回り道のように見えるが、一度ゼロベースに戻ることが、本質的な答えを見つけ出すこととなる。

このコンセプト思考、オプション思考、ゼロベース思考の三つをうまく使いこなせる人が、ロジカルシンキングを超えた判断力を発揮することができるのである。

ロジカルシンキングを超えた本質に迫る判断力は、「直観力」となる

もしも、今、地震が起きたら……

みなさんは「想像の時間」や「空想の時間」を習慣化しているだろうか。

私流に解釈すると、想像と空想の違いは以下のようになる。

想像＝実現可能性は低いかもしれないが、もしかしたら実現するかもしれないことについて、その場面をイメージングしてみること

空想＝現実にはあり得ないことについて、それが起きたときのことをイメージングしてみること

「もし私が横浜市長になったら……」というのは想像である。一方、「もし翌朝目覚めたときに高校一年生に戻っていたら……」というのは空想である。

ただしそんなに想像と空想の違いを意識する必要はない。大切なのは、今現実に起きていないことについて「もしそれが起きたら、自分はどうするだろう」とイメージしてみる習慣を持っておくことである。なぜなら想像力や空想力を普段から働かせておくことは、判断力を強化することにつながるからだ。

私はかなり想像や空想が好きで、「もし私が秋元康氏だったら、ＡＫＢ48を超えるビジネスモデルをどう開発するか」とか、「もし自分がこれから小説家を目指すとしたら、どうやったら直木賞を取れるかなあ」といったように、事あるごとにいろいろとイメージしている。

私は横浜に住んでいるが、先日も横浜のみなとみらい線（地下鉄）に乗っているときに、「もし今、横浜駅に津波が押し寄せてきたら、俺はどうするだろう？」というｉｆが、突然頭の中に浮かんできた。

相模湾あたりを震源とする直下型地震が起きたとき、横浜には四メートルの津波が来ることが想定されているという。横浜駅は海のすぐ近くにあり、海抜も低いので、津波にあう可能性は非常に高い。しかも私は地下鉄に乗っている。

一般的には、地震が起きたときにはすぐに車外に飛び出してはいけないと言われているが、津波が来るとなればむしろ逆かもしれない。しかし飛び出したところで、地下は真っ暗だし足場も悪い。電車から出た瞬間、どちらの方向に歩けばいいのだろうか。途中に非常口はあるのだろうか。それとも駅にたどり着くまで歩き続けなくてはいけないのだろうか。

そこから今度は、「もし自分がみなとみらい線の危機管理対策部長だったら、どんな対策を講じるだろう」と、想像の翼をさらに広げてみる。

「水の侵入を防ぐ防水壁は設置されているのだろうか。設置されているとしたら万全だろうか。みなとみらい駅は地下から地上までの距離がかなり長いけど、職員は乗客をどうやって地上まで誘導するのだろうか。逃げ遅れた乗客はどうする?」

というように、考えなくてはいけないことはたくさんある。

なぜ想像力や空想力を普段から働かせておくことが、判断力の強化につながるかというと、それが疑似体験になるからだ。たとえ現実には起きていないことだとしても、頭の中で「判断材料の収集→判断軸の設定→判断」の作業を繰り返すことになる。

これによって判断力や直観力が鍛えられ、現実の場面でも活かすことができるようになるのである。

無駄に思える「想像」「空想」を繰り返すことで、判断力は鍛えられる

第3章

何度でも繰り返す

――小決断の勧め

1 成功をもたらす「深い決断」

カルロス・ゴーン氏の「約束」

決断できない人は、決断できない自分をまずは見つめなければならない。そのうえで、まずは、決断することを決断することから始めればいい。これは、できるだろう。決めることを決めることは。ただ、決められない人というのは、決める材料が、決める軸＝判断軸がないことをうすうす知っているのだ。しかし、しつこいが、だからこそ決断することをまずは決断するべきなのだ。これは誰でもできる。

決断プロセスこそが、決断の本質であるから、決断する自信がない人は、決断プロセスをしっかりと踏まえて一歩一歩進めてみることをお勧めしたい。決断には、練習が必要なのだ。経験が必要なのだ。だからこそ、怖がらずに小さなことから決断プロセスをしっかりと進んで決断に慣れてほしい。本章は、決断のレベル、質を考慮した「決断の練習」を推奨する章である。

決断には適切な決断・適切ではなかった決断、強い決断・弱い決断、大きな決断・大きくない決断などいろいろな決断がある。

ここでは、「深い決断」と「浅い決断」の話をしたい。

繰り返しになるが、第1章で述べた鳩山由紀夫元首相の普天間基地移設問題を巡る決断は、浅い決断の代表例である。彼は決断の前に必要となる決断プロセスをすっ飛ばして、いきなり「最低でも県外の方向で、我々も積極的に行動を起こさなければならない」と発言した。しかし、前提の確認から始めて、目的&目標化、課題の体系化、選択肢の設定、判断軸の設定、判断、決断のプロセスを踏まないと、高く、広く、深い決断はできない。

ただし私たちにとって、いかにも鳩山氏の決断が浅く感じられたのは、単に彼の決断が決断プロセスを踏んでいなかったからだけではない。

何より大きいのは、「自分が首相という立場にあり、自分の発言は重く受け止められる」という自覚が、彼には欠けていたことだ。

「最低でも県外の方向で」という発言を聞いたとき、この問題に対してどのような意見を持っているかは別として、多くの人は「それはちょっと難しいのではないか」という印象を覚えたはずだ。その印象は、アメリカとの交渉が一歩も前に進まない状況を見るうちに、「やっぱりそうか」という確信に次第に変わっていった。

これがもし強引にでも県外移設を成し遂げていたら、たとえ決断プロセスはめちゃくちゃだったとしても「あっぱれ」ということになるのかもしれない。だが鳩山氏に関しては、その初期の段階から「この人だったら責任を持ってやり遂げるんじゃないか。少なくともやり遂げようとするのではないか」という信頼感をほとんど抱くことができなかった。

何が言いたいのかというと、決断者は、決断をするとき単に「これをやります」と発言しただけでは、まだ足りないということである。決断した事項に対するコミットメントを表明することが、同時に求められるということだ。

ここでいうコミットメントとは、「約束」とか「公約」「誓約」といった意味である。

決断した人は、そこから決断をする人への影響を考えなくてはいけない。個人の決断でなく、組織の決断であれば、一人ではできないことだらけだからだ。

一九九九年、日産自動車のCOOに就任したカルロス・ゴーン氏は、「二〇〇〇年度に、連結当期利益の黒字化を実現」「二〇〇二年度に、連結売上高営業利益率四・五％以上を達成」「二〇〇二年度末までに、自動車事業の連結実質有利子負債を七〇〇〇億円以下に削減」という公約を掲げた。そして「この三つのコミットメントのうち、一つでも達成できないものがあれば、自分も含めた取締役全員が辞任する」と発表した。

ゴーン氏はこの公約を見事に果たし、現在でも日産自動車の代表取締役会長兼社長兼最高経営責任者の職にある。

では、先ほどの鳩山氏はどうか。県外移設を断念した後になって、「『最低でも県外』発言は当時の党代表としての発言であり、民主党の公約ではなかった」などと口にしている。彼が「最低でも県外」と発言したのは、二〇〇九年の衆議院選挙の直前のことだ。たとえマニフェストには載せられていなくても、有権者はこれを「民主党の公約」と受け取って当然である。にもかかわらず後になって「あれは民主党の公約ではなかった」というのでは、「それはないでしょう、鳩山さん」という感じである。コミットメントに対する意識があまりにも希薄である。首相辞任時には、これで引退という宣言さえした。しかし、その宣言を後日、撤回するという恥ずかしいこともやっている。

日本の首相の言葉が軽いのは、鳩山氏に限ったことではない。毎年のように首相が替わる状況では、首相が「これをやる」と言明しても、実行に移る前に退陣してしまうことになる。そもそも今の首相は、自分が決断したことを最後までやり遂げられる環境にないのだ。そして首相が替われば、前の首相が言っていたことなどすっかり忘れたかのように、新たな政治イシューが持ち出される。いくら本人が「不退転の覚悟で」と言ったところで、「そんなことを言ったって、どうせやらないだろう」と、誰も最初から期待しなくなっている。

つまり、今の首相は、コミットメントに対する意識が希薄で、仮にその意識を持っていたとしても、一年単位で首相が交代するような今の政治システムではコミットメントのしようがないというのが現状だ（そうなってしまった原因は私たち国民にあることも忘れてはいけない。私たち一人ひとりが判断力、決断力を磨き、政治家に想いを託す、ということが必要なのだ）。野田首相が、税と社会保障の一体化、消費税増税を有言実行したのは、評価すべきことだと思う。

いずれにしても、コミットメントを伴わない決断は、浅い決断である。いやそもそもそれは決断とすら言わない。「努力目標」や「たわ言」とでも言うべきレベルである。

覚悟、気迫を伴ってこその決断である

宮城県の水産業を救う手はあるか

決断をするときに意識しなくてはいけないのは、「自分がこれから下そうとしている決断は、はたして深い決断になっているのかどうか」ということだ。

「しっかりとした決断プロセスを踏んだうえでの決断か？」

「決断に対してコミットをする覚悟はできているか？」

「決断したことを、責任を持って最後までやり遂げられる体制、環境にあるか？」

といったことを、自分自身に問いかける必要がある。

これらのポイントを意識したうえで、決断プロセスにおいて設定した「目的＆目標」や「判断軸」が浅いものであったら、決断も浅いものになってしまうということを自覚しなければならない。

具体例を出して説明しよう。

二〇一一年三月十一日に発生した東日本大震災によって、宮城県の水産業は壊滅的な打撃を受けた。約二万二〇〇〇隻の漁船が津波によって流失し、被害総額は八〇〇〇億円を超えた。二〇一一年の漁獲高は、前年比で六〇％も落ち込んだ。

実は震災が起きる前から、宮城県の水産業は高齢化によって漁業人口が減り続けていた。一九八〇年代に約一四〇〇億円に達していた水揚げ高は、近年では半分以下に落ち込んでいた。そこに震災が追い打ちをかける結果となったのである。

そこで宮城県の村井嘉浩知事が、県の水産業を復興させるために打ち出したのが「水産業復興特区」構想である。

これまで沿岸漁業を行う権利である漁業権は、事実上漁業協同組合だけに与えられてきた。「この沿岸で漁業をしたい」という新規参入希望者が現れても、現状では漁協が拒否すれば漁業権が与えられない仕組みになっているからだ。

構想では、今後県の水産業を背負っていくことが期待される将来性の高い漁港を「特区」として指定。特区では、地元漁業者が法人や組合をつくった場合、彼らにも漁業権を認めようというものだ。

漁船や漁具を失い、あるいは水産加工設備を失い、働くに働けない水産漁業関係者が数多くいることが背景にある。そんな地元の水産漁業関係者が、民間企業から出資を得たり、共同事業によって会社を設立し、自力で漁業や水産加工業を再開することができたなら、それは復興へ向けた力強い一歩となるはずだ。同時に企業が参入することによって、水産業に新しいビジネスモデルが生まれ、産業全体が活性化することが期待される。

ところがこの「水産業復興特区」構想に対して、宮城県漁協や全国漁業組合連合会（全漁連）が大反対を唱えた。理由は「企業の論理が持ち込まれると、漁協がこれまで守ってきた海の秩序が失われる」というものだ。

県漁協や全漁連は組合員から一万四〇〇〇人もの署名を集めて、反対運動を繰り広げた。そのため「水産業復興特区」構想は、現在いったん棚上げとなっている。

「今のシステムを維持するべき」という県漁協や全漁連の決断は、浅いと思う。決断プロセスの初期の段階で設定する「目的&目標」が、「漁業者の生活、活動を支援し、彼らの復興を支える」ではなく、「既得権益を守り、組織の延命をはかる」になっているからだ。

もし漁協が漁業者の生活や活動を本気になって考えているなら、独自の復興プランを提示しなければならない。

確かに民間資本を導入することにはリスクもある。地元の漁業者が民間資本に頼りながら事業を始めたものの、もし企業が「これは採算がとれない」と判断して出資をやめてしまったら、漁業者は宙ぶらりんの状態に置かれることになるからだ。企業は撤退すればそれですむが、漁業者はその土地でずっと生き続けなければいけない。その危うさは確かにある。

しかしだからといって、このままではじり貧であるのは誰の目にも明白だ。そうであるにもかかわらず漁協は、「水産業復興特区」構想への対案を出せず、ただ反対している。そのためいったんは漁協の指示に従って特区反対の署名をした漁業者の中にも、「漁協は俺たちのことを本気になって考えてくれていない」ということに気づき、賛成に回る人が出てきているという。

繰り返すが、前提の確認から判断、決断にいたる決断プロセスが一貫性を持ったものだとしても、「目的&目標」が浅いものだったら決断も浅くなるのである。

「既得権益を守り、組織の延命をはかる」決断では、現状を打破できない

「深い決断」を社員に迫るホンダのＡ００文化

私は、宮城県漁協や全漁連の決断を「浅い決断」だと考えているが、おそらく彼ら自身は自分たちの決断を「浅い」とは考えていないのではないかと思う。「漁協や組合員のことを真剣に考えた末に下した決断だ」と思っているのではないだろうか。

設定した「目的・目標」やこれから下そうとしている決断が、深いものか浅いものかを、決断の渦中にある人間が客観的に判断するのは、実は結構難しいものである。人は往々にして後になってから、「あのときの決断は浅はかだった」「あのときの決断はやっぱり正しかった」と気づくものだからだ。

ただし自分が下そうとしている決断の深さ・浅さを自分で判断するのは、決して不可能なことではない。

自動車メーカーのホンダには「Ａ００」（エーゼロゼロ）、「Ａ０」（エーゼロ）、「Ａ」（エー）という社内用語がある。もともとはアメリカ軍の軍事任務指令書の用語で、Ａ００は「目的・基本要件・夢」、Ａ０は「目標」、Ａは「展開案」といった意味である。

『コンサルタントの「ひと言」力』（ＰＨＰビジネス新書）の中でも紹介したが、以前私たちの会社で社内研修をしたときに、ホンダで世界標準のエアバッグシステムを開発した小林三郎氏をお招きし、お話を伺ったことがある。

小林氏がホンダに入社したのは一九七一年のこと。当時社内ではA00やA0という言葉が流行語のように飛び交っていたという。

安全部門で働いていた彼は、あるとき安全部品の試作を板金課に頼みに行った。板金課の担当者は予想どおり「この試作品のA00は何だ?」と質問してきた。彼は「性能アップとコストダウン、ウェイトダウンです」と答えた。すると担当者は「それは違うな」と言ったという。

「性能アップをはかることによって何を実現したいのか。コストダウンやウェイトダウンによって何がしたいのか。そこまで考えないと、A00にならないだろう」と。

このとき小林氏は、自分の思考の甘さを悟ったという。

ではなぜ性能アップやコストダウン、ウェイトダウンは、A00ではないのだろうか。性能アップやコストダウンをはかることで何を実現したいのかまで考えないと、A00であると見なされないのはなぜだろうか。

それはホンダでは、「コストダウンやウェイトダウンをすることで収益を上げることが、事業を行う目的ではない」と考えているからだ。そのレベルでは、Ａ００には達していない浅い「目的＆目標」である。コストダウンやウェイトダウンを実現することによって自動車や二輪の未来をどう変えていきたいのか、市場をどう変えていきたいのか、社会をどう変えていきたいのかまで言えないと、Ａ００とは見なされないわけだ。そこまで言えて、初めて深い「目的＆目標」になるのである。

このホンダのＡ００のスタンスは、私たちが深い決断と浅い決断を見分けるときの一つのバロメーターとなる。

設定した「目的＆目標」や下そうとしている決断が、自分たちの利益や既得権益を守るというレベルに留まっている場合は、それは浅い決断。

設定した「目的＆目標」や下そうとしている決断によって、どのように人が変わり、市場が変わり、社会が変わるのか、そこまで意識している決断は、深い決断である。

そう考えると宮城県漁協や全漁連が下した決断は、やはり浅い決断であると思う。

「Ａ００は何か」……常に自分に問いかけよう

2　合言葉は「振り返り」

「本当にその判断でいいのか」と一度自分に問いかけてみる

判断とは、自分がとるべき行動について、「○○するべきだ」「××するべきではない」という一定の答えを出した段階である。そして決断は、その判断をもとに「○○する」「××しない」と決めることである。

この「○○するべきだ」と「○○する」の間には、大きなジャンプが必要である。「○○するべきだ」と判断した時点ではまだ後戻りが可能だが、一度「○○する」と決めてしまったらもう引き返すことはできないからだ。

だからこそ判断と決断の間に「本当にその判断でいいのか」「本当にそれはやるべきことなのか」といった振り返りの時間を設けることが必要となる。

「自分は直面している問題を本当に正確に把握できているか？」（前提の確認）

「目的&目標の設定は、適切かつ深いものになっているか？　また自分が下そうとしている決断は、設定した目的&目標に合致したものになっているか？」（目的&目標化）
「物事を進めていくにあたって考慮しなくてはいけない課題を整理することができているか？」（課題の体系化）
「判断をする前に、そのほかの選択肢をちゃんと洗い出しているか？」（選択肢の設定）
「判断軸の設定は適切か？」（判断軸の設定）
「選択肢の中から、適切な選択ができているか」（判断）
というように、決断プロセスの一つひとつの項目をチェックする時間が大切になるのだ。
　私はこれを「熟成の時間」と呼んでいる。
　コンサルタントでいえば、クライアントとの会議の前の日に徹夜で提案書を書いているようではダメである。私は会社のスタッフには「提案書は一週間前には仕上げなさい」と言っている。そしてきちんと睡眠をとったクリアな頭で、二度、三度その提案書を読み返してみる。あるいはほかの仕事に携わったり、街を歩いているときなども、常に頭の片隅には提案書のことを留めておく。
　すると提案書を書いた時点では見落としていた抜けや間違いを発見したり、ときには大きな思い違いをしていることに気づくといったこともあるのだ。

　私はER（救急救命室）のような即断・即決・即行動といった世界で働いている人たちも、たった数秒から数十秒かもしれないが、この振り返りの時間をつくっているのではないかと思う。

　メスを手にした瞬間に「本当にその判断で間違いはないのか。そのまま決断してもいいのか」と、ほんの一瞬だけ自分に問いかけてみる。「大丈夫、その判断で正しい」という答えが返ってきてから、患者の体にメスを入れる。この振り返りの時間があるからこそ、彼らは一度決断をしたら、後はもう迷うことなく「患者の命を救う」という目的に向かって最短距離で行動することができるのだと思う。

　今の時代、ビジネスの世界ではスピードが大切だと言われている。決断を先延ばしにしているうちに、まさに救急救命室に運ばれてきた患者の容体のように状況は刻々と変化するからだ。だが決断後の行動スピードを速くするためにも、あえて「急がば回れ」の精神で振り返りの時間を設けることが大切なのだ。

スピードの時代だからこそ、あえて一度、立ち止まってみる

ダイエーはどこで失敗したのか

決断前の振り返りの時間の中でも特に重要になるのが、「目的&目標」の確認である。自分が下そうとしている決断が、本当に設定した目的&目標に合致したものになっているかどうかを吟味してみるのである。

経営者の中には、若いときには次々と経営判断を的中させて会社を急成長させていったのに、歳をとるにしたがって判断・決断に狂いが生じ、やがて会社を迷走状態に陥らせてしまう人がいる。これは彼らが、決断の前に行うべきである「目的・目標の確認」をいつの間にかおろそかにするようになったからだと思う。

たとえば、ダイエー創業者の中内切《いさお》氏。日本のスーパーの黎明期、中内氏は「生活必需品をより安い値段で消費者に提供するのが商人の役割」という信念のもと、ダイエーを設立する。当時、商品価格の決定権はメーカーが握っていたが、彼は「生産者から流通経

済の担い手に流通支配権を奪い返す」という流通革命を標榜し、自社で設定した小売価格での販売を強く求めてくるメーカーと対立しながらも、「よい品をどんどん安く」をスローガンに掲げてダイエーを急成長させていった。そういう意味で彼らが当初設定した「目的&目標」は、高く、深く、広いものだったといえる。そしてダイエーは、一九七二年には三越を抜いて小売業売上高日本一の座を勝ち取る。

だが中内氏は、次第に初心を忘れていった。百貨店のプランタン銀座の設立、リクルートの買収、ホテル事業への進出など、「本当にそれはダイエーがやるべきことなの?」と思えるような拡大路線を突き進んでいったからだ。一方、本業のGMSのほうも、「ダイエーの店舗にはなんでもあるが、買いたいものは何もない」と揶揄されるほどに、消費者離れが進んでいった。

二〇〇一年、二兆五〇〇〇億円にのぼる有利子負債を残して、中内氏はダイエーの会長職を辞任する。その後もダイエーは業績悪化を食い止められず、二〇〇四年には産業再生機構の支援を受けることになった。もし中内氏が決断の前に、「その決断は、本当に自分たちが設置した目的&目標に合致しているのか?」という確認を大切にしていれば、ここまで事態が悪化することはなかったと思うのだが……。

「目的＆目標」と「初心」は何度確認しても、しすぎということはない

そこにミスティークは感じられるか

決断の前に、振り返りの時間～熟成の時間をとって「前提の確認」や「目的＆目標の確認」を行うことは、自分の下そうとしている決断が正しいものであるかどうかを、ロジカルに確認する作業であるといえる。

ただし決断にロジックは不可欠なものだが、一方で人はロジックだけで物事を判断・決断する動物ではない。

ある中小企業の経営者が、インドネシアに新工場を建設するべきかどうか、決断を迫られていたとする。コンサルタントは得意の４Ｃ分析のフレームワークを使って、「顧客、競合企業、自社の経営資源、流通チャネルの観点から判断すると、ぜひ御社はインドネシアに工場を立ち上げるべきです。社長、ご決断を！」と提案してきた。

社長自身も、「まあ確かにコンサルタントの言うとおりなんだろうな」とは思ってい

る。

判断にいたるまでの決断プロセスに、見落としや思い違いがないかどうか確認してみたが、大丈夫のようだ。ロジカルに考えれば、インドネシアに進出するのは正しいといえる。

しかし社長は、それだけでは決断しない。なぜならミスティークを大切にしているからだ。いつも重大な決断をする前には、社長室に一時間ほどこもって、「本当にこれをやるべきなのか、自分は本当にこれをやりたいのか」と、自分自身に問いかける時間をとっているのである。先述の「直観」の一つと考えてもいい。

ミスティークとは、「天命・天の啓示」「神秘性」といった意味である。

私はＦＭヨコハマで「Yokohama Social Cafe」という番組のＤＪを務めていて、毎回社会起業家の方を招いてお話を伺っている。彼らに「なぜ社会起業家を目指すことになったのですか」と質問すると、かなりの確率で「あるとき突然、これは自分がやりたい仕事だ、やるべき仕事だと思ったんです」という答えが返ってくる。

つまり理屈ではないのである。まるで天命を受けたかのように、彼らは自分のやるべきこと、やれること、やりたいことを見つけ出したのだ。いわば「ｍｕｓｔ」と「ｃａｎ」と「ｗｉｌｌ」が一気に彼らのところに降りてきたのである。これがミスティークである。

逆に私たちは、論理的に考えて出した答えが「どうもしっくり来ない、なんとなく気持ち悪い」と感じることがある。ミスティークがないからそう感じるのである。「どうもしっくり来ない」とか「なんとなく気持ち悪い」と感じるのは、論理的にはそれが正しい決断だったとしても、直観が「それは何かが間違っている。おまえのやるべきことではない」というサインを出している状態であるといえる。この場合、直観よりも論理を優先させて決断したとしても、「本当に自分の決断はこれでよかったんだろうか」という迷いを引きずったまま行動しなくてはいけなくなるため、結果的にもうまくいかないことのほうが多い。

一方で、「これは自分の天命だ」と思えることは、たとえ論理ではうまく説明できなくても、「これは自分がやるべきことだ、やりたいことだ」という気持ちに強く後押しされて、本当に成し遂げてしまうことが多い。

アメリカのハーレーダビッドソンというオートバイメーカー。ハーレーは一九八〇年代前半、経営危機に陥ったことがあった。危機を脱するためにハーレーが掲げたのが、ヘリテージ（遺産）とトラディション（伝統）、そしてミスティーク（神秘性）の三つのコンセプトだった。

一九〇三年に設立されたハーレーダビッドソン社は、過去にさまざまな名車を世に送り出してきた遺産と伝統を持っている。その遺産に誇りを持ちながら、伝統を引き継ぎつつ今を生きていこうという原点にハーレーは立ち戻ろうとしたわけだ。

そして三つ目のコンセプトのミスティークでは、「自分たちがオートバイをつくっているのは天命によるものだ。自分たちはこのオートバイをつくるために、今ここにいるのだ。選ばれた存在なのだ」という感覚を社員に根づかせようとした。

これによって社員は強い使命感を持って仕事に臨むようになり、ハーレーは復活を遂げることができた。

ミスティークが感じられる決断と、感じられない決断とでは、その強さや重みがまったく違うものとなる。決断の後の行動力が大きく変わってくる。

「そこにミスティークを感じられるか」

決断の前には、そう自分自身に問いかけてみる必要がある。

「どうもしっくり来ない」「なんとなく気持ち悪い」という感覚を大切にする

3 決断は一回だけでは終わらない

決断のほとんどは、小決断である

決断には、大きく二つの種類がある。

一つは、その決断が生きるか死ぬかのすべてを左右してしまうような種類のもの。これを「大決断」と呼ぼう。

もう一つは、その決断がたとえ失敗であったとしても、また決断をし直すことが可能な種類のもの。これを「小決断」と呼ぶ。

有名な桶狭間の戦いは、織田信長にとって大決断であったといえる。今川義元が二万五〇〇〇人もの大軍勢を引き連れて領国に攻め入ってきたとき、信長はその五分の一（一〇分の一という説もある）の兵力しか持っていなかった。そこで信長は、桶狭間において義元軍の不意を突く奇襲攻撃をかけることによって、義元を討ち取ることに成功する。

信長にとって奇襲は、伸るか反るかの決断だった。桶狭間の戦いに勝利したことで、信長は一気に戦国時代を代表する大名にのし上がっていったが、もし敗北していたら、その命運はほぼ間違いなくその時点で尽きていただろう。

ただし信長の桶狭間の戦いに匹敵するような大決断は、私たちが普段生活している中ではそうそうめったに遭遇するようなものではない。私たちが下す決断のほとんどは、一度失敗してもまた決断し直すことが可能な小決断である。

たとえば、就職や転職といったものは、人生の大決断のように思えるが、実は小決断の範囲である。メーカーや銀行に就職したものの「やっぱり自分は教師になりたい」とか「医者になりたい」という想いが強くなり、もう一度大学に入って単位を取り直す人は世の中にたくさんいる。

実はサラリーマン経験のある教師や医者のほうが、物事の見方が広くなるため、大学を出てストレートにその職業に就いた人よりも、生徒や患者から信頼されるよい先生になる可能性だってあり得る。そう考えると最初に下した「サラリーマンになる」という決断は、よい先生になるためのステップということになり、失敗ですらなくなる。

つまり決断のほとんどは、決断をしたらそれで終わりで、すべてが決まってしまうというようなものではないのである。

　決断をして行動をすれば、その結果が出てくる。その結果を振り返り、分析をし、また決断をして行動する。仕事であれば、そうやって決断を繰り返すうちに、最終的に自分が天職と呼べるものに出会えればいいのだ。

　これは企業の活動も同じである。

　かなり古い例になってしまうが、一九八五年にミノルタ（現・コニカミノルタ）が、「α-7000」というオートフォーカス機能搭載の一眼レフカメラを開発したことがあった。それまで一眼レフといえばマニュアルフォーカスのものが中心だったので、α-7000は画期的な商品だった。

　当初ミノルタでは、「一眼レフに関心を示すのはカメラ好きの人たちなので、α-7000の購買層もそういった人たちになるだろう」と想定していた。ところが販売を始めると、予想を覆すようなことが起きた。これまで一眼レフなど手に持ったことがなかった中高年層が中心となってα-7000を購入したのだ。

「一眼レフカメラは美しい写真が撮れるけれども、これまでは扱いが難しかった。でもオートフォーカスは楽でいいよな」

というのが理由だった。

これを受けてミノルタでは、コアユーザーではなく一般ユーザーを意識したものへと、商品戦略や広告宣伝戦略を大きく転換させていった。その結果αシリーズは広く人々に受け入れられ、同社の主力商品となっていった。ちなみにコニカミノルタはその後カメラ事業から撤退したため、αシリーズはソニーが引き継いで展開しているが……。

企業の決断も、「Aという商品を出す」ということを決断したら、それで終わりではないのである。その決断をマーケットがどう判断するかによって、また新しい決断を下していく。そうやって決断サイクルを回していくことによって、最終的に正しい決断にたどり着くわけだ。

小決断における失敗も成功も、次のステージへのステップとなり得る

患者を救う手段はいくつもある

決断プロセスを進めるときに大切になるのが、仮説検証の意識を持つことである。

ある若者が、自分の父親が末期がんに苦しみながら亡くなったことをきっかけに、「病気に苦しみながら亡くなっていく患者さんを少しでも減らすために、自分は医者となり、ターミナルケアの仕事に携わろう」という決断をしたとする。そして医学部を卒業して医師免許を取った後、ホスピス医となった。

だがホスピス医として働くうちに直面したのが、ホスピスや緩和ケア病棟は圧倒的に数が不足しているため、多くの患者さんは一般病棟で満足のいく緩和ケアを受けることができないままに亡くなっていくという現実だった。

そこで彼は、「今の医療体制自体を変えない限り、患者さんは救われない」と考え、今度は政治家になることを決断する。

医者から政治家へというのは、大転換である。しかし「病気に苦しみながら亡くなっていく患者さんを少しでも減らしたい」という彼が設定した目標自体は、かつても今もまったくブレていない。

彼は最初、自分が設定した目標を実現するためには「医師としてターミナルケアの仕事に携わるのが一番だろう」という仮説を立て、ホスピス医となった。そして何年か実際に働いてみたところで、「一人の医師としてターミナルケアに携わることが、本当に病気に苦しみながら亡くなっていく患者さんを減らすことにつながるのだろうか」という検証を行った。その検証の結果、「政治家になり、今の医療体制を変えるしかないだろう」という仮説を新たに立て、今度は政治家になることを決断したのである。

この若者のように、「目的」を明確に持っていること、そしてブレないことが大切になる。しかしその目的を実現するために設定した「手段」については、「仮説→決断→実行→検証→仮説→決断→実行」を繰り返しながら、その都度修正を加えていってもまったくかまわない。そうすることによって最終的に、「この手段だったら、自分の目的を実現できる」という正しい決断にたどり着けばいいのだ。

ただし仮説検証の意識がないまま決断を繰り返したとしても、その人はせっかくの決断経験を、次の決断に活かすことができなくなる。転職でいえば、あてどなく職場を転々と変える転職難民になってしまう。これでは最初に目的として設定した「病気に苦しみながら亡くなっていく患者さんを少しでも減らしたい」という目的にいつまでたっても近づけない。そのうち自分が何を目指して仕事を選んだのか、当初の目的さえ忘れてしまうことになりかねないだろう。

だから決断は何度も失敗してもかまわないが、仮説検証の意識を持ちながら決断を繰り返すことが重要になるのである。

仮説検証の意識を持つことで、正しい決断にたどり着く近道が開ける

信念は変えない。でもアプローチ法は変える

「多くの決断は一回だけで終わるものではなく、何度も繰り返す必要がある」

私がそう考えているもう一つの理由として、私たちを取り巻く局面はどんどん変化していることがある。

ある局面で下した決断が正しかったとしても、局面が変われば、その決断は時代遅れのものになることはよくあることだ。そこで求められるのは、局面ごとに常に新しい決断を繰り出していくことである。

松坂大輔（ボストン・レッドソックス）や成瀬善久（千葉ロッテマリーンズ）、涌井秀章（埼玉西武ライオンズ）などの名選手を育てた横浜高校野球部の渡辺元智監督は、時代の変化に合わせて常に指導を変えているという。『若者との接し方』（角川書店）という本の

中で、彼は次のように述べている。

私は、毎年入ってくる子どもたちに合わせて、指導方針を変えていかなければならないという難しさを持っている。過去に実践してきた指導法を、どんどん新しいものに更新していかなければならないのだ。

これは「信念を捨てろ」という意味ではない。自分は教え子にこんな選手に育ってほしい、卒業後はこんな大人になってほしいと願っている……。そういう信念は持ち続けるべきである。

しかし、そこに至るまでのアプローチは自然に変わってくる。これは、その都度その都度、教え子たちと接し、失敗しながら学んでいくしかない。

渡辺監督は「信念は捨ててはいけない」という。しかし信念を実現するためには、「毎年入ってくる子どもたちに合わせて、その都度アプローチ法は変えていく必要がある」というのだ。これを本書に引き寄せた言い方に翻訳すれば、「目的は捨ててはいけない。ただし目的を実現するために、局面の変化に合わせて、その都度、手段への決断は変えていく必要がある」ということになる。

渡辺監督率いる横浜高校は、一九七三年の春の選抜で初優勝を遂げて以来、常に全国制覇を狙える甲子園の常連校であり続けている。これは渡辺監督が「信念は変えないがアプローチ法はその都度変えていく＝目的は変えないが手段への決断はその都度変えていく」というスタンスを取り続けた結果であるといえる。

目的は一つだが、それを達成する方法は常に変化する

チェスのチャンピオンは何手先まで読めるのか

では局面の変化を的確に読みながら、常に最適な決断を下していくためにはどうすればいいのだろうか。

私たちはしばしば、大局を読む力を持っている人は、この先局面がどう変わっていくのか、ものすごく先まで物事を見通す力があると考えがちだ。そして緻密に先を読みながら、一手一手を打っているというイメージがある。

そのため将棋や囲碁の棋士、チェスのプレーヤーといった「局面を読む」ことを職業としている人は、「いったい何手先ぐらいまで読んで、コマを動かすのですか」という質問をよく受けるという。

十五年にわたって世界チャンピオンのタイトルを保持し、世界最強のチェス・プレーヤーと言われていたガルリ・カスパロフも、『決定力を鍛える』(日本放送出版協会)の中で、「おそらく私がこれまでにいちばん多く受けた質問は、『何手先まで読むのですか?』だろう」と述べている。

この質問に対するカスパロフの答えは、次のようなものである。

「チェスにおける読み(calculation)とは1+1のような計算のことではなく、むしろ目の前で変化しつづける地図上にルートを見つけることに近い」(『決定力を鍛える』より)

「こちらがこう打つと、相手はきっとこう打ってくるはずだ。するとこういう局面になるはずだから、そこでこちらはこう打って……」などといくら策を巡らせたところで、相手が予想外の一手を打ってきたら、局面も予想外の方向へ大きく変わることになる。だからチェスのプレーヤーや将棋の棋士にとって、先を読みすぎることはほとんど意味がないのである。

大局観を持った人とは、細かく先を読む力がある人ではなく、目の前で変化し続ける地図が今どういう形をしているか、大きく捉える力を持った人であるといえる。そして今の局面を把握したうえで、最短距離でゴールに近づくためには、次にどんな手を打つのがベストであるかをその都度考えられる人である。

今の局面を読んで一手を打つ。すると局面が変わる。それに対して相手が一手を打つと、また局面が変わる。その局面を読んで、さらに一手を打つ。こうして局面に合わせた決断を繰り返しながら、少しずつゴールに近づいていくのだ。

いわば、面と線と点を考えて、常に変化を読み、必要とされる対応の先見性にこだわり、いつしか大きな手をど～んと打つという大局観と現実の一歩のバランスが重要なのだ。

変化し続ける局面の中で、面→線→点でベストの一手を考え、行動することが重要

人にも企業にも必要な「中期経営計画」

ここまで私はチェスや将棋を例に、局面の変化への対応や大局観の持ち方について説明してきたが、実は現実社会における局面の変化は、チェスや将棋の世界よりももっと不確定要素に富んでいる。

チェスや将棋に参加しているのは、たった二人のプレーヤーである。局面がどう変わるかは、この二人のプレーの判断、決断次第である。

ところが現実社会では、いろいろな人間がさまざまな思惑を持ってプレーに参加している。しかもドルがいきなり急落するとか、東日本大震災やタイで発生した大洪水のように、外部要因によって予想外の方向に局面が大きく変わることもしばしば起きる。先を読むのは、チェスや将棋以上に難しい。

だからこそ求められるのは、「ゴールにいたるまでの大まかなイメージは抱きながらも、その都度今自分が置かれている局面を的確に判断し、その都度的確な決断を下していく」という態度である。

近年、多くの企業が中期経営計画を立てる際に採用しているのが、ローリングプランという手法である。

これまで企業は、「二〇一二年度～二〇一四年度までの三年間の中期経営計画を初年度に作成し、その計画に基づいて三年間経営を行っていく」というやり方をとっていた。しかし変化が速い今の時代は、あっという間に局面が変わってしまう。プランを作成した二〇一二年の時点では的確な決断だったとしても、二〇一四年になれば、すでに時代遅れの決断になっている可能性は非常に高い。

そこでローリングプランでは、二〇一二年に「二〇一二年度～二〇一四年度までの三年間の中期経営計画」を作成したら、次は翌年の二〇一三年に「二〇一三年度～二〇一五年度までの三年間の中期経営計画」を作成する。さらに二〇一四年にも「二〇一四年度～二〇一六年度までの中期経営計画」を作成するという手法をとる。

経営計画を立てるときには、短視眼的になってはいけない。中長期的視野に立ちながら、今やるべきことを決めていくことが大切になる。しかし一方で局面は常に変化しているので、その変化にも素早く対応することが不可欠になる。ローリングプランは、経営に求められるその二つの条件を両立させるためのものなのだ。

個人の決断もこれとまったく同じである。ゴールを見据えながら、今起きている局面の変化に対応していく。そういうローリングプラン型の決断が、柔軟な決断をしていくための条件となる。

「ローリングプラン型決断」でゴールを見据えながらも変化に対応するべし

第4章

決断は実行あっての決断

——何もしないことが最もリスキー

1 相手軸で、周りを巻き込む

求められるのは、行動力ではなく実行力

いよいよ本書も決断プロセスの最終段階について述べるところまで来た。

第4章のテーマは「実行力とリスクマネジメント」。決断は決めただけだ。だから成果は出ていない、わからない。決めても「実行力」がなければ無価値だ。

決断とは、実行して成果・結果を出すためにするものだ。決めただけ、宣言しただけでは、決断とは言わない。有言実行こそが決断なのだ（不言実行でも決断とも言えるが）。

「実行」と似た表現に「行動」という言葉がある。実行と行動の違いは何だろうか。普段、多くの人は、二つの言葉の意味の違いをほとんど意識せずに使っていると思う。

行動は「思いついたときに一人でもすぐにできるもの」だが、実行となると「設定した

目的&目標を実現するために動くこと。目的&目標達成のためには、必要に応じて周りの人間を巻き込み、動かしていくことが求められるもの」というニュアンスがより強くなると考えるべきだ。

たとえば「今の首相には行財政改革を成し遂げるだけの実行力がない」という言い方をすることがよくある。しかし「今の首相には行財政改革を成し遂げるだけの行動力がない」とはあまり言わない。

実行力のない首相が、行動力もないとは限らない。一人ではいろんなことをやったりする。東日本大震災の翌日、当時首相だった菅直人氏は福島第一原発上空をヘリコプターに乗って視察したが、あれも行動力があるといえば行動力がある行為である。たとえ大局に立った行動ではなかったとしても、行動は行動である。しかし国をあげて原発事故に適切に対処する実行力が菅氏にあったかといえば、かなりの疑問である。

そういう意味で菅氏は、行動はしたが実行はしなかったわけである。

決断プロセスの最終段階で求められる力は、当然行動力ではなく実行力である。ただやみくもに行動するのではなく、設定した「目的&目標」と自分が下した「決断」を意識しながら、ゴールに向かって動いていくことが大切になるのだ。

そして、実行力の中でも、とりわけ重要になるのが「周りの人間を巻き込み、動かしていく」力である。決断したことの多くは、自分一人では実行に移せないものが多いからだ。

高校時代のサッカー部の仲間たちに、「俺たちでもう一度集まって、地元最強のフットサルチームをつくろうぜ」と呼びかけたとしても、仲間たちが乗り気になってくれなければ、彼の決断は実行には移されない。

あるいは社長が「うちも介護ビジネスに参入するぞ」と決断したとしても、社長自ら陣頭指揮にあたるケースはほとんどない。実際に新規事業立ち上げを担当するのは部下である。

すると社長がどんなに新規事業に対して熱い情熱を傾けていたとしても、肝心の担当者、担当責任者に情熱が欠けていたら、事業は失敗に終わる可能性が高い。新規事業を軌道に乗せるまでにはさまざまな困難が押し寄せてくるが、その困難を乗り越えるためには強い想いを担当者が持っていることが条件となるからだ。

私は決断力とは「決断する力」であると同時に「決断させる力」であると述べてきたが、決断プロセスの中でも「決断させる力」が最も必要になるのが、この実行段階においてである。

決断したのは社長自身。だがその社長の想いが周りの人間にも伝播して、周りの人間もあたかも自分が決断したかのような当事者意識を持って事にあたる。そういう状態にすることができてこそ、初めて新規事業を軌道に乗せることが可能になる。

周りを巻き込み、動かす力……それが実行力だ

「相手研究」を徹底する

自分が下した決断について、周りの人間を巻き込み動かしていくためには、第1章でも述べたように相手軸に立って物事を考えることが条件となる。

どんなに自分が「これをやりたい。やるべきだ」と考えていたとしても、相手が「そんなことはやりたくないし、やるべきじゃない」と思っていたら、相手は絶対に動いてくれない。もちろん上司であれば業務命令を理由に部下を動かすことはできるが、部下といえども、やりたくないことはできる限りやり過ごそうとするものである。嫌がる部下を無理矢理行動させたとしても、期待したとおりの結果を得られる確率は非常に低い。

そこで求められるのは、相手を徹底的に研究することである。

相手は、どんな価値観を持っているのか。その価値観に基づいて何を実現したいと思っているのか。知性、感性、意志のうち何を一番重視するか。論理重視か、感情重視か。どういう思想信条の持ち主か。組織の中で今どのような立場にあるか。キャリアを形成していくうえで、今どんな段階にいるか。今抱え込んでいる問題はどんな問題か。不満はどこにあるか。自分の能力をどう評価しているか。どんなことに喜び、怒り、悲しみ、楽しみを覚えるか……。

こういったさまざまな項目について、具体的な言葉で相手の思想や性格や人間性を語れるところまで、相手をしっかりと観察し、会話などを通じて情報を仕入れる。

そしてもし自分がその人自身だったとしたら、どんな言葉をどのように投げかけられたら、「それをやりたい。やらなければいけない。自分にはそれができる」と思えるようになるか。こちらの決断を自分の決断のように受け止め、心と体を動かしてくれるようになるか、といったことまで想像力を働かせることが大切になるのである。

クライアントや仲間の思想・性格・人間性を、相手軸で心から語れるか

日本人を挑発したスパイ・ゾルゲ

こうした相手研究のプロともいえるのが、スパイである。

一九三三年から一九四一年にかけて、日本で諜報活動を行っていたソ連のスパイにリヒャルト・ゾルゲという人がいる。

旧ソ連のアゼルバイジャンで生まれ、ドイツで育ったゾルゲは、第一次世界大戦では志願してドイツ陸軍に入隊。西部戦線で戦った。だがその後、社会主義思想と出会い、ソ連共産党に入党する。そんな彼にソ連が与えた任務がスパイだった。

上海でのスパイ活動を経て、日本に入国したのは一九三三年のこと。表向きの職業は、ドイツの新聞社「フランクフルター・ツァイトゥング紙」の記者である。

この時点ではまだ日独伊三国同盟は締結されていなかったが、ソ連はやがて日本とドイツが急接近をはかり、自分の国を挟み撃ちにすることを不安視していた。その情勢を探る

というのが、ゾルゲに与えられたミッションだった。

ただし外国人に対する警戒心が異様に強い当時の日本で、諜報活動を行うのは容易なことではない。ではどうするか。ゾルゲは上海滞在中に日本人と接した経験から、日本人は内容よりも形式を重んじる国民であると感じていた。有り体にいえば「肩書きに弱い」国民なのである。「ということは、自分が社会的地位や権威を持った存在になれば、日本人は自分のことを信用してくれるはず」と、ゾルゲは相手軸に立って考えた。

そこでゾルゲが試みたのが、ドイツ大使館に接近することだった。ドイツ大使館からの信用が得られたら、その事実だけで日本人も自分を信用するに違いないと考えたのだ。

しかしどうすればドイツ大使館から信頼を得ることができるか。ここでもゾルゲは「相手軸」に立って考えた。

当時、ドイツ大使館のスタッフは、日本に関する情報を喉から手が出るほど欲しがっていた。とりわけ日本の歴史、日本人の精神構造、意思決定のシステムといったものを知りたがっていた。ヨーロッパ人にとって当時の日本は、それだけミステリアスな存在だったからだ。そこでゾルゲは、日本について書かれた大量の書物を一気に読み込むことで「日本通」になることにした。そのうえで日本に関する政治記事をドイツの新聞に寄稿。これが日本のドイツ人社会の中で高い評価を受け、大使館からの信頼を得ることにも成功する。

また、ゾルゲはドイツ人の同胞意識を巧みに利用した。第一次世界大戦でドイツ陸軍の兵士として戦ったという経験は、同じ経験を持つ大使館員との絆を深めるうえで大いに役立った。さらにナチスにも入党することで、彼らからの信頼を盤石なものとしたのである。

やがて駐日ドイツ特命全権大使のオイゲン・オットから全幅の信頼を勝ち得た彼は、さまざまな機密情報に関する相談を持ちかけられるようになり、ついには公文書を自由に見ることができる立場となる。その一方で近衛文麿内閣のブレーンとなっていたジャーナリストの尾崎秀実を通して、日本側の重要機密も次々と入手していった。

スパイとして彼がクレムリンに行った報告には、日本の正確な戦力や石油の備蓄量等に関する情報、ドイツが独ソ不可侵条約を破ってソ連に侵入することを決定したという情報（スターリンが握り潰したあの情報である）、ドイツが求めていた対ソ参戦に日本が踏み切るか否かに関する情報などがある。

ゾルゲが諜報活動を行っていることは、やがて特別高等警察（特高）によって見破られ、一九四一年にスパイ容疑で逮捕された。しかしオット大使はゾルゲを最後の最後まで全面的に信用しており、彼の逮捕に対して日本の外務省に抗議したほどだった。

ゾルゲが逮捕されたとき、彼の自宅には約一〇〇〇冊もの日本語の蔵書があったという。徹底的に相手の研究を行って相手軸に立つことができたからこそ、彼はスパイとして相手から思いどおりに言葉を引き出し、情報を得ることができたのである。

ちなみにゾルゲには、おもしろいエピソードがある。相手から機密情報を聞き出したいときに、相手が言い淀むと、「あなたは知らないのですか?」とわざと挑発的な質問をした。日本人がこの手の挑発に弱いことを知っていたのだ。まさに体面を重んじる日本人の心理を理解した、相手軸に立った質問であるといえる。

相手軸に立ったスタンスで仕事・プロジェクトの「通」になれ

相手軸を鍛えたければ、日記ではなく日報を書け

相手軸に立って、物事が考えられる力を身につけるためには、私は「日記」ではなく「日報」を書くことが効果的だと思っている。

基本的に日記は、人に読まれることを前提にはしていない。だから自分の思ったことや

感じたことを、自分さえわかればいい文章（＝自分軸）で書いていくことになる。これによって、内面世界は豊かになり、深まっていくかもしれないが、相手軸はいっこうに鍛えることができない。

一方日報は、他者に読んでもらうことを前提に書かれる。だから自分さえわかればいい文章では許されない。「最近、Ａ社からまったく新しい仕事の発注が来ない。もうダメじゃないかと思う……」という文章では不合格である。なぜダメだと思うのかを、社長だろうが外国人社員だろうが、誰が読んでもわかる言葉と論理で書くことが求められる。

この「誰が読んでもわかる文章を書く」という意識を持つことが、自分軸から抜け出す第一歩となる。

これをクリアしたら次は、「この日報を具体的には誰が読むか。誰に読ませたいか」を意識しながら書くことをお勧めする。

たとえば中堅の営業マンが、「この日報は、若手の営業マンにこそ読ませたい。彼らが仕事に行き詰まったときに、この日報を読めば、打開のヒントとなる言葉に出会えるものにしたい」と思ったとする。

そうするとその中堅営業マンは、今どきの若手がどのような問題に悩んでいるのか、どんな言葉を使えば若手の心に届くか、といった想像力を働かせながら日報を書かなくてはいけなくなる。「相手軸に立った文章」とはそういうものだ。

また最近はブログに自分の文章を載せている人も多いが、せっかく他者に公表している文章なのに、自分軸に留まっているものも少なくない。読者を少しでも意識した文章を書けば、相手軸を大いに鍛えることができるのにもったいないと思う。

「書く・話す」はコミュニケーションの基本である。普段から書くとき、話すときに相手軸を意識しておけば、自ずと相手軸は鍛えられていく。すると、いざ相手をその気にさせて動かさなくてはいけなくなったときに、「どうすれば相手軸に立って、相手を説得、納得させることができるかな」などと、悩む必要がなくなるのである。

「誰に向けて、何を届けたいのか」を意識する

2 当事者意識がないと、決断を実行に移せない

セブン・イレブン・ジャパンの手法

日本の会議の特徴を表す表現として、
「会して議せず、議して決せず、決して動かず」
という言葉がある。会議をしても議論をせず、議論をしても決断せず、決断しても実行しないという意味である。

なぜ日本の会議が「会して議せず、議して決せず、決して動かず」だったかといえば、極端な言い方をすれば、それでも回っていたからである。

会議とはある意味、本書で解説してきた「前提の確認」「目的&目標化」「課題の体系化」「選択肢の設定」「判断軸の設定」「判断」「決断」「実行」「リスクマネジメント」といった、決断プロセスにおいて必要となるさまざまな事項を、全員で議論しながら決めていく場で

あるといえる。

あるいは新しく開発した商品がマーケットにどう受け入れられているか、これからどう展開すべきかといったことについて、仮説検証しながら、新たな決断を繰り返し行う場であるともいえる。

経済が右肩上がりの時代には、こうした議論をあまりしなくても、組織のマネジメントさえ抜かりなくやっておけば、それなりに売上や利益を上げることができた。そのため、報告や情報共有の場としての会議は必要だったかもしれないが、議論や決断の場としての会議が必要になる機会はそれほど多くなかったのである。

だが長年、クライアントの会議に同席していて感じていることがある。それは、日本の会議の雰囲気は、この十年の間にずいぶん変わってきたということだ。

理由は簡単である。マーケットが厳しくなってきたからである。

簡単に売上や利益を確保できなくなっている状況では、問題を根本から議論し、適切な判断・決断を行っていかないと、企業は生き残っていけなくなっている。議論の内容も、戦略策定や計画作成にかかわるものだけでなく、「そもそもこの事業を行う目的は何なのか。本当に必要なのか」といったところにまで立ち戻って検討しなくてはいけない場面も増えている。

だから今、企業は会議の重要性を本気で考え、質を高めようとしている。

では日本の企業の会議を本当の意味で、議論、決断、実行の場にするにはどうすればいいか。私はそこに出席する人間が、当事者意識を持って臨める会議になっているかどうかが条件になると考えている。

ご存じの人も多いと思うが、セブン‐イレブン・ジャパンでは二週間に一回、全国に散らばっている一七〇〇人の店舗経営相談員（ＯＦＣ）を本社に集めてＦＣ会議を開いている（かつては隔週ではなく一週間に一回の開催だった）。ちなみにＯＦＣというのは、セブン‐イレブンのフランチャイズ加盟店に対して、経営指導やアドバイスを行う立場の社員である。いわば現場のキーマンともいえる人たちである。

ＦＣ会議では、午前中はトップマネジメント（会長、社長）からの講話や現状分析、そして今後の事業計画などの話があり、午後には各エリアに分かれて、ＯＦＣ同士による情報交換が行われる。ＯＦＣには発表の機会も数多く設けられているため、人の話を黙って聞いているわけにはいかない。当事者意識を持って臨まざるを得ない会議になっているのである。

日本の会議が「決して動かず」になっている一番の理由は、トップが決断したことが現場まで浸透していかないということだ。

その点FC会議では、まずトップがビジョンを示し、次にエリアごとのミーティングにおいて、会社が掲げているビジョンをどうすれば実現できるか、どうやって実現しているかについて、OFC同士で議論や情報交換をする。そしてFC会議が終わればOFCはそれぞれの担当地区に戻り、FC会議で得た新たな情報をもとに、現場で実践していく。トップのビジョンや決断を、現場にまで落としていく仕組みが出来上がっているのである。

「決めない会議」から「決める会議」への転換をはかれ

マネージャーの腕の見せどころ

会議において、特に当事者意識を持って臨まなくてはいけないのがマネージャークラスの人間だ。

トップは常に判断、決断をしなければならず、またその決断に責任を負う立場にあるので、当事者意識は当然持っている。一方現場の若手社員は、営業や販売、生産現場で起こるさまざまな問題に直接対応しなくてはいけない立場にあるので、トップとは違った意味で当事者意識を持っている。

一方、宙ぶらりんの立場に置かれがちなのが「マネージャー」だ。トップのように「鳥の目」を持って高い視点から物事を見ているわけでもなく、逆に若手社員のように「虫の目」を持って、今事件が起きている現場で悪戦苦闘しているわけでもない。すると問題意識が働きにくく、危機意識も抱きにくい。したがって当事者意識を持ちにくくなってしまうのである。

だが、マネージャーには大事な仕事がある。トップの想いと、現場の想いをつなぐという役割だ。

会議の場で社長が「今期の売上目標は前年比一二〇％」と言い始めて、あっさり了承されたとする。もし、マネージャーが会議で決まった結果をそのまま現場に持ち帰って、「今期の売上目標は前年比一二〇％」とだけ告げたら、現場の社員としては「冗談じゃないよ」ということになる。

「前年より売上を伸ばすだけで精いっぱいなのに、二〇％もアップなんて無理に決まっているでしょう」と。

これは現場で危機意識や当事者意識を持って働いている人間としては、当然の反応だ。

事実、市場が成熟しているにもかかわらず、「対前年比二〇％アップ」とか「三年で倍増」といった売上目標を平気で設定するトップは少なくない。もちろん画期的な新規事業を起こすとか、新製品を市場に投入するといった、売上アップに結びつく目算が立っているのならかまわない。だが新たな経営資源はまったく増やさず、今の手持ちのコマだけで「根性でなんとかしろ」と言っているケースが多いのだ。

こんな場合、マネージャーはトップと現場をつなぐ立場として、今の現場では売上を維持するだけで精いっぱいであること、現場はすっかり疲弊していることをトップに伝える必要がある。

だがもしトップが、深い狙いを持って「二〇％アップ」を掲げていることがわかったときには、今度はトップの決断をわかりやすい言葉で現場に伝えることがマネージャーには求められる。

たとえば、こんなふうに現場の社員に伝えたらどうだろう。

「今日の会議で、今期の売上は前年比一二〇％を目指すことに決まった。社長はこれを必達目標だと言っている。無理だと思うだろう？　私も無理だと思う。ただし今のやり方のままならね。どぶ板で営業努力をしたところで、せいぜい五％アップが限界だからね。社長も営業畑出身の人だから、そのことはわかっていると思う。社長はたぶん『今の営業の仕組みを根本から考え直せ』と、私たちに言いたいのだと思う。『そうしないと、このままではうちの会社はじり貧だぞ』とね。

そこでなんだが、今年はゼロベースから新しい営業の仕組みを構築する年にしてみないか。私と君たちでそれを考えてみるんだ。これは現場にいる人間だからこそできることだと思う。押し込み販売で、強引に数字をとってくるような営業をこれ以上続けるのは、君たちもう、うんざりだろう。私ももう、うんざりだ」

トップの決断が現場に浸透しないのは、トップの想いと現場の想いが乖離しているからである。いや正確に言えば、トップの想いと現場の想いは共通点も多いのだが、トップの言葉が抽象的な言葉であるために、現場になかなか伝わらないのだ。

その抽象的な言葉を、具体的な言葉にブレークダウンするのがミドルマネージャーの役割である。その役割をマネージャーが果たせるかどうかが、会議で決断された事項を、現場が実行に移せるかどうかのカギとなる。

「想い」と「想い」をつなげば、現場は動き出す

3　成長のチャンスを逃すな

何もしないことがリスクになる

決断を実行に移したときに、必ず伴ってくるのがリスクである。

決断に元本保証は存在しない。ひと儲けしようと資産を投じたのに、逆に大損をしてしまう可能性は十分にあり得る。

しかしリスクが怖いからといって行動を差し控えていたら、人は何もできなくなってしまう。好きな人に告白もできなくなるし、転職や起業もできなくなるし、それこそ資産運用もできなくなる。

私は今の風潮として、リスクをどんどん避ける方向に社会が向かっているのではないかと感じている。「リスクを怖れていたら、好きな人に告白もできなくなる」と述べたが、実際に傷つくのが怖くて異性に告白することができない若者が増えているという。もしこれが事実だとしたら、「おい、しっかりしろよ。それは貴重な成長のチャンスを自ら捨てているることになるんだよ」と言いたくなるようなことである。

ただしリスクを怖れているのは若者だけではなく、大人や企業も同じである。

業績が悪化している企業には、取引先の銀行からバンカーがその企業の財務を担当するために出向しているケースが多い。彼らが徹底して行うのが、コストカットとリストラである。というか、それ以外はやろうとしない。

今は歴史的な低金利なので、銀行は貸出金利についても抑えざるを得ない。なかなか収益を確保できなくなっている状況の中で、せめて貸した金だけは企業から確実に回収したいと銀行は考えるようになっている。そこでバンカーが企業に出向してきて、コストカットを行い、きりきりと締め上げているのである。完全に守りに入っている状態である。

だが「これもダメ」「あれもダメ」と否定ばかりしていたら、組織は活力を失ってしまう。傷つくのが怖いからといって異性に告白をしようとしない若者に、元気が感じられないのと同じである。

私が知っているあるバンカーは、そのことをよく理解していた。彼は某メガバンクから老舗企業に役員として送り込まれたのだが、もちろんコストカットはしっかりと行った。

だがその一方で、コストカットだけでは組織としての向上心が萎えてしまうので、新規事業を率先して立ち上げていったのである。

もちろん新規事業を手がけることは、かなりのリスクが伴うものである。だがリスクが怖いから、新しい決断をしない、実行をしないというのはナンセンスである。企業は日々新たに更新し続けることによって、マーケットに必要な存在であり続けることができるからだ。新しいチャレンジが何もできなければ、現状維持していくしかないわけだが、それはイコール組織の衰退を意味することになる。

だからリスクを怖れて何もしないことは、組織にとって、そして個人にとっても大きなリスクとなるのである。

「これもダメ」「あれもダメ」では何にもならない

日本人の苦手なリスクマネジメント

ただ、実行には必ずリスクが伴うことを認識したうえで、決断したことを実行するにあたっては、事前にリスクマネジメント策を講じておくことが不可欠になる。

リスクマネジメントは、その決断を実行するにあたって何がリスクとなり得るのか、リスクを定義することから始まる。考えられるリスクを洗い出したうえで、それぞれのリスクが発生する確率と、発生したときの被害を想定する。そしてその被害を最小限に食い止めるための対応策を策定する。これを「コンティンジェンシープラン」という。

たとえば新製品の製造を行うために、大規模な生産設備を新たに導入したとする。ところがもし新製品がまったく売れなかったという場合には、その生産設備は宝の持ち腐れということになりかねないわけだ。その「もしも」のときに備えて対応策を考えておくというのも、立派なリスクマネジメントである。

日本人は、どちらかというとリスクをとることに対して慎重な民族である。ところが決断を実行に移すことに対しては慎重なのに、なぜか決断した後のリスクマネジメントに対しては無頓着だ。

「実行する限りは必ず成功させなくてはいけない。失敗は許されないし、考えてはいけない。失敗する可能性があるのなら、最初から実行するな」

というような考え方が強いのだ。

リスクマネジメントは、サーカスの空中ブランコにおける命綱のようなものである。第1章で私は、決断とは「暗闇の中で前進し、ジャンプするようなものだ」と述べた。命綱があるから、暗闇の中でも大胆にジャンプができるのである。

だから真に決断力、実行力のある人間は、リスクマネジメントに関しても万全を期しているものである。

命綱があるから、暗闇の中でもジャンプできる

決断力が求められる時代とは価値創造の可能性の時代

全体に本書は、日本、日本企業、日本人の現状をやや悲観的に観てきた。人口の減少、少子高齢化、国としての負債の増大などから市場の成熟ステージが続くことを客観的に考えれば、当然のことだろう。

しかし、日本に未来がないわけでも、日本人が夢を抱いていないわけでもない。日本、そして日本人のポテンシャルは、はかりしれないものだ。大人の国、地球市民の姿をしっかりと判断し、決断し、実行していきたいものだ。

私どもの会社は、現在、小さい組織ながらベトナムと韓国にオフィスをかまえている。二〇一三年には中国にもオフィスを開設する。そして、その後、ラオス、カンボジア、ミャンマーへと広げようと考えている。

経営者の私の考えということ以上に、私どものスタッフが「グローバルにHRインスティテュートのミッション・ビジョンを広げていきたい！　点を打って、それを線にして、面にしていきたい！」と想ってくれているからだ。

決断力の本質は、決断プロセスにある。どんな情報で、どんな仮説で、どんな意思決定メカニズムで決断していくか。決断したことをどう実行するか。リスクをどう考え、どう対応するか。決断するだけでなく、決断を促すほうが重要な局面も多い。

最後に、もう一度、決断プロセスをここで確認して本書を終えたいと思う。

①前提の確認
②目的&目標化
③課題の体系化
④選択肢の設定

⑤判断軸の設定
⑥判断
⑦決断
⑧実行
⑨リスクマネジメント

の九つのプロセスが、決断力の本質である。優れた決断プロセスを進めることが、決断を実行に移し、成果・結果を出すための要諦である。

決断力の本質は決断プロセスの推進力にあり

おわりに

「みんながやっているから私も」で行動する日本人

『世界の日本人ジョーク集』（早坂隆著・中央公論新社）という本の中に、日本人の行動パターンに関するこんなジョークが収録されている。

ある豪華客船が海のど真ん中で沈みだした。船長は乗客たちに一刻も早く船から海に飛び込むように説得しなくてはならなかった。

そこで船長は、アメリカ人には「飛び込めばあなたは英雄ですよ」と言った。イギリス人には「飛び込めばあなたは紳士です」と言い、ドイツ人には「飛び込むのがこの船の規則になっています」、イタリア人には「飛び込むと女性にもてますよ」、フランス人には「飛び込まないでください」、そして日本人には「みんな飛び込んでますよ」と言ったというものだ。

まさに日本人の国民性を象徴したジョークだと思う。確かに日本人は「みんながやっているから私も」という理由で決断することがすごく多い。

日本人の生命保険の加入率は、先進国の中でもトップクラスだ。だが保険に加入することのメリットとデメリットを、自分の頭でしっかりと検討したうえで加入している人は、そのうち何割いるだろうか。保険のセールスレディから説得されて、商品の内容もよく理解していないままに、「まあみんな入っているから、自分も入ったほうが安心かな」という理由で、加入している人が多いのではないだろうか。

一人の人間が一生の間に払う生命保険の保険料は、人生の買い物の中でも、住宅の購入価格の次に高いと言われている。

それだけの高額商品を、自分にとってどんなメリットとデメリットがあるかをしっかりと吟味しないままに、「みんながやっているから私も」という理由で購入するのは、あまりにリスキーであるといえる。

「みんながやっているから私も」の精神構造は、個人だけではなく企業にも見られる。

企業の経営判断を見ていると、「まるで子どものサッカーだな」と感じることがある。左サイドにボールが飛んだらみんなで左に走り出し、右サイドにボールが移ったら、またみんなで右サイドに走り出すようなことをやるのである。

ある分野が有望であるということになると、こぞってそこに参加して過剰投資と過剰生産が起きる。そのため一気に価格が下落し、こぞって企業業績が悪化する。こうしたことが何度も繰り返されてきたのである。

日本はビジョンを明確にできないまま、戦争を継続していた

主体性を持って判断・決断を行い、自分が下した判断・決断には自分が責任を持つという意識が、日本人には希薄なのではないかと思う。だから周りの人間がやっていることに、自分も流されてしまうのだ。

太平洋戦争のときの日本軍の決断の仕方を見ても、驚くほど主体性が欠落している。

太平洋戦争の緒戦、日本は連戦連勝を重ねていた。そこで開戦から二カ月がたったとき、軍と政府のリーダーたちが宮中に集まって、「この戦争を今後どのように進め、どう終わらせるか」についての会議が開かれた。実は日本はあらかじめ戦略や出口を明確にしないまま、いわば場当たり的にこの戦争に突入していたのである。

会議における海軍と陸軍の意見は真っ向から対立した。海軍はさらなる戦線の拡大を主張。一方、陸軍はこれ以上戦線を拡大せず、戦力を太平洋戦線ではなく中国大陸に投入したいと主張した。

話し合いは平行線のままに終わった。で、平行線に終わったままどうしたかというと、結局明確な戦争方針を確定できないまま、その後も日本は、海軍と陸軍がてんでばらばらの思惑を持ちながら戦争を戦い続けることになったのだ。

つまり日本は、ビジョンらしいビジョンや戦略らしい戦略を持てないまま、流されるままに戦争に突入し、流されるままに戦争を継続していたわけである。そして戦争は一九四五年八月十五日に終結する。

私たちが決断力を持ちたいならば、まずは主体性を身につけることから始めなくてはいけない。そして自分が下した決断に対しては、しっかりと自分が責任をとるという意識が求められる。まずは、決めることを決めることから始めればいい。

本書を仕上げるにあたってご支援いただいたPHP研究所の池口祥司さん、長谷川敦さんに心から感謝したい。

おかげさまで私どもの会社、株式会社HRインスティテュートはもうすぐ二十周年を迎える。そして、創業当初から執筆活動をスタートさせていただいて、この本で、韓国、ベトナム、中国での翻訳本を含めて、ちょうど一〇〇冊目の出版となった。うれしい限りだ。

これまでのコンサルティング活動、執筆活動を支援してくれたＨＲインスティテュートグループの熱きメンバーたち、そして、その家族のみなさん、私たちのコンサルティングを受け入れてくださったクライアントの方々、さまざまなことで支えてくださったビジネスネットワークの方々、そして、何よりもいつも温かい心で私どもの本を読んでいただいている読者のみなさんに心から、心から御礼を申し上げたいと思う。

私たちは、常に、生かされている存在であることを忘れずに、「主体性を挽き出す～自分のため・人のため・人々のために生きる」というミッションをこれからも深く心の中に刻み込んで、「一隅を照らす」仕事をしていくことを誓いたいと思う。

いつもいつもいつも「ありがとう」。

二〇一二年七月

株式会社ＨＲインスティテュート　代表　野口吉昭

【参考文献】

井沢元彦『逆説の日本史12　近世暁光編』（小学館）
NHK取材班『日本人はなぜ戦争へと向かったのか　戦中編』（NHK出版）
ガルリ・カスパロフ『決定力を鍛える』（日本放送出版協会）
羽生善治『大局観』（角川書店）
早坂隆『世界の日本人ジョーク集』（中央公論新社）
ロバート・ワイマント『ゾルゲ　引裂かれたスパイ』（新潮社）
渡辺元智『若者との接し方』（角川書店）

PHP
Business Shinsho

野口　吉昭（のぐち・よしあき）
横浜国立大学工学部大学院工学研究科修了。現在、株式会社ＨＲインスティテュート（HRInstitute）の代表。中京大学総合政策学部・経済学部講師。ＮＰＯ法人「師範塾」副理事長。ＦＭヨコハマの「Yokohama Social Cafe」のＤＪを担当。
主な著書・編書に『遺伝子経営』（日本経済新聞社）、『戦略シナリオのノウハウ・ドゥハウ』『コンサルタントの「質問力」』『コンサルタントの「ひと言」力』（以上、ＰＨＰ研究所）、『チームリーダーに必要なたった１つの力』（かんき出版）、『コンサルタントの習慣術』（朝日新書）、『考え・書き・話す「３つ」の魔法』（幻冬舎）、『「ありがとう」が人と会社を幸せにする～笑顔で働く20のルール』（マガジンハウス）など多数。

株式会社ＨＲインスティテュート
［TEL］03-3423-3201
［URL］http://www.hri-japan.co.jp/
夢とビジョンを応援するメールマガジン「ビジョンマガジン」無料配信中。ビジネスに役立つコンテンツを定期配信。

PHPビジネス新書 236

ビジネスを成功に導く！
コンサルタントの「決断力」

2012年８月31日 第１版第１刷発行

著　者　野口吉昭
発行者　小林成彦
発行所　株式会社ＰＨＰ研究所
東京本部　〒102-8331 千代田区一番町21
ビジネス出版部 ☎03-3239-6257（編集）
普及一部 ☎03-3239-6233（販売）
京都本部　〒601-8411 京都市南区西九条北ノ内町11
PHP INTERFACE　http://www.php.co.jp/
装　幀　齋藤稔
制作協力・組版　有限会社データ・クリップ
印刷所　共同印刷株式会社
製本所　東京美術紙工協業組合

ISBN978-4-569-80682-2

「ＰＨＰビジネス新書」発刊にあたって

わからないことがあったら「インターネット」で何でも一発で調べられる時代。本という形でビジネスの知識を提供することに何の意味があるのか……その一つの答えとして「**血の通った実務書**」というコンセプトを提案させていただくのが本シリーズです。

経営知識やスキルといった、誰が語っても同じに思えるものでも、ビジネス界の第一線で活躍する人の語る言葉には、独特の迫力があります。そんな、「**現場を知る人が本音で語る**」知識を、ビジネスのあらゆる分野においてご提供していきたいと思っております。

本シリーズのシンボルマークは、理屈よりも実用性を重んじた古代ローマ人のイメージです。彼らが残した知識のように、本書の内容が永きにわたって皆様のビジネスのお役に立ち続けることを願っております。

二〇〇六年四月

ＰＨＰ研究所

PHPビジネス新書

話の流れを一気に変える！

コンサルタントの「ひと言」力

野口 吉昭 著

できる人は、常に「ひと言」で会話の流れをつかむ！ コンサルタントが現場で実際に使っている効果抜群のフレーズと会話術を伝授。

定価八六一円
（本体八二〇円）
税五％

PHPビジネス新書

疑う力

ビジネスに生かす「IMV分析」

西成　活裕　著

ビジネス・人生で成功するためには、「疑う力」が必要だった！　「疑うとは何か」から解き明かし、「疑う力」の習得法まで一挙公開。

定価八四〇円
（本体八〇〇円）
税五％

PHPビジネス新書

IGPI流

経営分析のリアル・ノウハウ

冨山　和彦・経営共創基盤　著

勧めている会社は大丈夫か？　取引先は？　会社再生のプロが実践する37の手法。メーカー、小売・卸、飲食ビジネスなどエピソード満載！

定価八六一円
（本体八二〇円）
税五％

PHPビジネス新書

優良企業の人事・労務管理

「10の仕組み」で組織は強くなる！

下田 直人 著

会社を良くするのも、悪くするのも「人」である。働きやすく、かつ業績のいい会社になるためのポイントを気鋭の社労士が説く。

定価九四五円
（本体九〇〇円）
税五%